MARION KNATHS
Spiele mit der Macht
Wie Frauen sich durchsetzen

| Hoffmann und Campe |

1. Auflage 2007
Copyright © 2007 by Hoffmann und Campe Verlag, Hamburg
www.hoca.de
Gesetzt aus der Minion Pro und der Agenda.
Druck und Bindung: GGP Media GmbH, Pößneck
Printed in Germany
ISBN 978-3-455-50027-1

Ein Unternehmen der
GANSKE VERLAGSGRUPPE

INHALT

Vorwort 9

Die Grundregeln des Spiels 15

Rangordnung vor Inhalt 19

Immer an die Nummer eins 21

Glanz vor Glorie 25

Sanktionen 28

Wettkampf versus Puppenspiel 30

Voller Körpereinsatz 32

Der Lächelreflex und das Pokerface 36

Unberührbar wie die Queen 40

Warum Schröder wieder endlos redet 43

Optische Wirkungen 45

Foulspiel 48

Keine Angst vorm schwarzen Mann 52

Frauen: keine Konkurrenz für Männer 56

»Du bist die Schönste im ganzen Land« 61

Ins Abseits gestellt 63

Die Wirkung von Machtsymbolen 65

Bekleidungsregeln 70

Das Beste für die Besten 74

Visionen helfen 76

Vom fleißigen Lieschen zur erfolgreichen Lisa 80

Sie sind es wert – Ihr Gehalt 84

Die Bar und der Sport – ein Erfolgsrezept 89

Allianzen 95

Der Einsatz weiblicher Reize 98

Die Beliebtheitsfalle 101

Klipp und klar 103

Weibliche Stärken 107

Der Mentor als Lift 111

Checkliste der hinderlichen Sätze 113

Von der Dame zur Königin des Spiels 123

Nachwort 125

Literatur 127

VORWORT

Woran liegt es, dass sich die Führungsetagen von Organisationen und Unternehmen immer noch fast ausschließlich aus Männern zusammensetzen? Frauen sind heutzutage sehr gut ausgebildet und verlassen die Schulen und Universitäten im Durchschnitt mit besseren Noten als ihre Mitschüler und Kommilitonen. Sie haben große empathische Fähigkeiten, sind praktisch oft sehr versiert, können in Gesprächen leicht und schnell sehr viele Informationen verarbeiten. Da sollte man doch meinen, dass sie nach einigen Jahren in den Chefsesseln der Wirtschaft anzutreffen sind – aber Fehlanzeige: In deutschen Unternehmen mit mehr als fünfhundert Mitarbeitern sind Frauen im Topmanagement eine Rarität. Und auch in Anwaltskanzleien sind Partnerinnen eher selten anzutreffen, an der Universität sind Professorinnen die Minderheit, selbst an solchen Fakultäten, die überwiegend von Studentinnen bevölkert werden. Und die Tatsache, dass wir eine Kanzlerin haben, macht aus der Politik noch keine Hochburg der Frauen.

Woran liegt es also, dass so viele Frauen sehr ehrgeizig und ambitioniert den Einstieg in die Berufswelt beginnen, dann aber irgendwie »stecken bleiben«? Und das meist spätestens im mittleren Management: als leitende Angestellte, die sich ständig mit männlichen Direktoren und Vorständen auseinandersetzen muss, als hart arbeitende Anwältin, die eben nicht Partnerin der Kanzlei wird, als Redakteurin, der man wieder einen Chefredakteur vor die Nase setzt.

Wenn Sie an mangelnde Kinderbetreuungsmöglichkeiten denken, denken Sie an einen wichtigen Umstand, den unsere Gesellschaft hoffentlich zügig verändert. Doch dieser Aspekt scheint eher für die Geburtenquote relevant zu sein. Wenn ich in den neuen Bundesländern Führungstrainings gebe, stellen sich dort überwiegend Frauen Mitte vierzig mit zwei Kindern im Alter von 19 und 22 Jahren vor. In der westlichen Bundesrepublik haben die Frauen, die meine Trainings besuchen, entweder keine Kinder, oder sie haben kleine Kinder, die gerade eingeschult wurden, beziehungsweise nutzen den Mutterschutz für die Weiterbildung. Aber obwohl Frauen in den neuen Bundesländern über gute Kinderbetreuungsmöglichkeiten verfügen und sie es damit leichter haben, Kinder und Berufstätigkeit miteinander zu vereinbaren, sind sie ebenfalls eher selten in den Top-Positionen vertreten.

Dass es kaum Frauen an die Spitze großer Unternehmen oder Institutionen schaffen, liegt an der sogenannten gläsernen Decke. Diese Bezeichnung stammt von einem Experiment mit Fischen. Die Tiere machten immer wieder die Erfahrung, dass sie mit dem Maul an eine unsichtbare Glasplatte stießen, wenn sie an ihr Futter gelangen wollten.

Irgendwann hatte sich diese Erfahrung so gefestigt, dass sie es gar nicht mehr versuchten, obwohl die Glasplatte inzwischen aus dem Aquarium entfernt worden war. Und genau das erleben viele Menschen im Berufsleben: Sie stoßen immer wieder auf unsichtbare Barrieren, kommen mit ihren Argumenten nicht durch, werden von Kollegen und Vorgesetzten übergangen, ausgekontert oder einfach nicht ernst genommen. Sowohl Männer als auch Frauen. Aber Frauen sind von diesem Phänomen erheblich häufiger betroffen.

Vor einigen Jahren begann ich mich für dieses Phänomen zu interessieren und präzise zu beobachten, wie die Menschen um mich herum kommunizierten. Ich hörte genau zu, wenn Männer und Frauen, egal welcher Branche, von ihrem Beruf berichteten und sich über Kollegen oder Vorgesetzte aufregten. Ich analysierte das Verhalten der eher erfolgreichen und das der eher unzufriedenen Menschen um mich herum. Und ich stellte schnell fest, dass es neben guter Leistung maßgebliche andere Faktoren für Erfolg gibt und dass diese überwiegend auf einem Gebiet liegen: der Kommunikation.

Mit der richtigen Art zu kommunizieren können Sie die »gläserne Decke« durchstoßen, ohne sich dabei eine blutige Nase zu holen. Und Sie müssen dafür nicht zum Tyrannen oder zur Xanthippe mutieren. Im Gegenteil: Sie können sich eine Menge Frust und Falten ersparen, wenn Sie spielerisch ein paar Regeln anwenden, die Ihnen helfen, gehört zu werden und gute Ideen auch wirklich durchsetzen zu können. Das Spielerische bietet Ihnen dabei die Möglichkeit, Ihr Verhalten zu trainieren, auf etwaige Misserfolge gelassener und auf Chancen mutiger zu reagieren. Und auch, wenn

Sie keinen Vorstandsposten anstreben, sondern einfach nur dem nervtötenden Kollegen etwas entgegensetzen möchten: Hier lernen Sie, wie.

Dass sich diese Regeln von den unterschiedlichsten Charakteren erlernen lassen, beweisen die Teilnehmerinnen meiner Führungskräftetrainings. Speziell Frauen haben ein riesiges Potenzial, wenn sie zu ihren ureigenen Fähigkeiten noch weitere Kompetenzen erlernen, mit denen sie in einem von Männern dominierten Umfeld erfolgreich kommunizieren können. Auf diese Weise können sie zu mächtigen Spielerinnen werden – in gewisser Weise vergleichbar mit der Figur der Dame im Schach, auf die ich noch zu sprechen kommen werde.

In diesem Buch geht es um Kommunikation in Zusammenhang mit Macht. Dieser Bereich der Kommunikation entscheidet darüber, ob und wie schnell wir von anderen respektiert werden und wie es uns gelingt, andere von unseren Ideen zu überzeugen und uns durchzusetzen. Die Kommunikation der Macht oder die Macht der Kommunikation zu beherrschen bedeutet nicht, eine gute und erfolgreiche Führungskraft zu sein. Man benötigt die unterschiedlichsten Fertigkeiten, um mit anderen Menschen erfolgreich zu arbeiten. Aber ohne die Kommunikation der Macht zu beherrschen, können Sie nicht die Spitze einer Machtpyramide erreichen. Es sei denn, Sie erben. Die Unternehmensführung zu erben ist für Frauen heutzutage fast der einzige Weg, um an die Spitze bereits bestehender Organisationen zu gelangen. All jenen, die sich nicht darauf verlassen oder darauf warten wollen, sollen die folgenden Anregungen helfen, die eigenen Ziele erfolgreich zu verwirklichen.

Wenn ich im Folgenden zwischen der Kommunikation von Frauen und der von Männern unterscheide, dann in dem Bewusstsein, dass sich keinesfalls alle Frauen gleich verhalten, ebenso wenig, wie sich alle Männer gleich verhalten. Es geht um Stereotype. Und natürlich gibt es viele Frauen und Männer, die von den Stereotypen in der einen oder anderen Form abweichen. Aber Stereotype helfen, die Vielfalt der Signale zu ordnen, zu systematisieren und die Strukturen zu erkennen, die die »gläserne Decke« bilden und stützen, an der insbesondere wir Frauen uns immer wieder den Kopf stoßen.

Es geht nicht darum, zu bewerten, ob das Streben nach Macht sinnvoll ist. Es geht auch nicht darum, zu fragen, ob es für Frauen überhaupt wünschenswert ist, Karriere zu machen. Dieses Buch zeigt einfach auf, wie die Spielregeln der Macht in Organisationen funktionieren und warum es (noch) ein Männerspiel ist, das manchmal bewusst, oft jedoch unbewusst gespielt wird. Jede Leserin und jeder Leser ist frei in der Bewertung und der Entscheidung, was sie oder er für sich im Alltag davon umsetzen und anwenden will.

Aber wenn Sie als Frau Karriere machen wollen, wenn Sie möchten, dass man auf Ihre Ideen hört, diese ernsthaft diskutiert und umsetzt, Ihnen ein vernünftiges Gehalt zahlt, Sie mit interessanten, verantwortungsvollen Aufgaben betraut, Sie immer größere Wirkungsfelder für Ihre Ideen erhalten, dann werden Ihnen die folgenden »Spielregeln« behilflich sein. Sie lassen sich auf jede Branche, jedes Alter und jede Situation anwenden.

Ich selbst wusste von diesen Regeln zu Beginn meiner Karriere so wenig wie die meisten Frauen um mich herum.

Ich lernte überwiegend nach dem Prinzip *trial and error*, unterstützt von feinen Antennen für Macht und einem sensiblen Magen, der mich vor den schlimmsten Fehlern bewahrte. Ich wurde jüngste leitende Angestellte eines Konzerns und erhielt das Angebot, Vorstand einer großen amerikanischen Aktiengesellschaft zu werden. Das Bezeichnende daran ist, dass dieses Angebot aus den USA und nicht aus Deutschland kam. Denn was Frauen in Top-Positionen anbelangt, sind die Amerikaner den Deutschen um einiges voraus.

Inzwischen habe ich ein eigenes Unternehmen gegründet, das Frauen unterstützt, ihre Talente im Beruf besser einzusetzen. Dabei geht es natürlich nicht nur um die Frauen, sondern auch um Männer. In Kommunikationstrainings beschäftigen wir uns theoretisch und praktisch mit allem, was Frauen im Berufsleben Schwierigkeiten bereitet. Im Folgenden lesen Sie, welche Kenntnisse wir dazu gesammelt haben und wie sich erfolgversprechend damit umgehen lässt.

DIE GRUNDREGELN DES SPIELS

Stellen Sie sich vor, Sie hätten keine Ahnung vom Schach und jemand bäte Sie um eine Partie. Entweder Sie erwidern, dass das Spiel Sie nicht interessiert, oder Sie sagen, dass Sie leider nicht mitspielen können, da Sie die Regeln nicht kennen. Oder Sie bitten Ihr Gegenüber, sie Ihnen zu erklären. Eines würden Sie mit Sicherheit nicht tun: einfach drauflosspielen. Wie auch? Um Schach spielen zu können, müssen Sie zumindest die Grundregeln beherrschen. Vorher müssen Sie sich auch keine Gedanken darüber machen, dass Sie leider nicht zehn Züge im Voraus denken können.

Die Regeln einer Organisation werden immer von der Führungsspitze aufgestellt. Und da sich diese vorwiegend aus Männern zusammensetzt, gelten in den meisten Unternehmen, Universitäten, Parteien, Kliniken, Verbänden etc. die Grundregeln der männlichen Kommunikation. Wenn Sie dort erfolgreich sein wollen, müssen Sie diese Grundregeln zumindest kennen. Bei näherer Betrachtung gibt es eine Kommunikationsregel, die alle anderen dominiert: die

Rangordnung. Frauen hingegen kommunizieren eher in einem offenen Netzwerk.

Innerhalb der Rangordnung wird eher statusorientiert kommuniziert, während im verbindenden Netz Inhalte im Vordergrund stehen. Sie können sich die Rangordnung als eher vertikales und das Netzwerk als eher horizontales Kommunikationsmodell vorstellen. Während Männer sich gegenseitig über- oder unterordnen und stets bestrebt sind, sich nach unten möglichst klar abzugrenzen, stellen Frauen an den unterschiedlichsten Stellen Verbindungen her. Sie haben nicht das Bedürfnis, einander klar über- oder unterzuordnen, sondern suchen lieber nach Verbindungen und Gemeinsamkeiten. Nicht umsonst sind in den meisten Beziehungen die Frauen dafür zuständig, die sozialen Kontakte zu pflegen. Das Streben nach Gemeinsamkeiten, das Vermeiden klarer Abgrenzung und klarer Über- oder Unterordnung steht im krassen Gegensatz zu dem Verhalten, das die Rangordnung nach sich zieht. Es mutet simpel an, aber die Folgen sind gravierend. Oftmals gelingt es Männern und Frauen nicht, einander zu verstehen. »Versteh mir einer die Weiber« oder »Männer benehmen sich wie Kinder« sind dann typische Bemerkungen aus dem privaten Bereich zu diesem Phänomen.

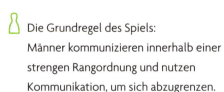

Die Grundregel des Spiels:
Männer kommunizieren innerhalb einer
strengen Rangordnung und nutzen
Kommunikation, um sich abzugrenzen.

Es gibt verschiedene Erklärungsversuche für diese Unterschiede in der Kommunikation. Die Wissenschaft streitet darüber, ob die Ursachen eher in der Biologie oder in der Soziologie zu finden sind. Ich vermute, dass beides eine Rolle spielt. In diesem Buch geht es jedoch nicht um die Ursachen, sondern um die Auswirkungen. Es geht darum, zu verstehen, dass Frauen mit ihren weiblichen, verbindenden Kommunikationsfähigkeiten in der sich abgrenzenden Komunikation des Arbeitsalltags nicht sehr weit kommen. Spätestens im mittleren Management bekommen sie den Unterschied zu spüren, da sich hier die Machtpyramide zuzuspitzen beginnt. Bis dahin ist es in vielen Fällen gut gelaufen. Zum Beispiel sehr gutes Abitur, exzellenter Studienabschluss, guter Start in den Beruf mit hoher Einsatzbereitschaft und großem Engagement. Gute Beurteilungen, die dazu beitragen, dass sich die ersten Karriereschritte schnell ergeben.

Und auf einmal ist Schluss. Auf einmal scheinen dieselben Frauen gegen so etwas wie eine Wand zu laufen. Allerdings, ohne so recht zu wissen, um was es sich dabei eigentlich handelt. Sie spüren bloß, dass sie immer wieder an unsichtbare Barrieren stoßen. Und wenn sie sich oft genug an der »gläsernen Decke« den Kopf gestoßen haben, folgt Stufe zwei: Sie versuchen erst gar nicht mehr, mit ihren Ideen erfolgreich zu sein, da sie ohnehin erwarten, an unsichtbaren Widerständen zu scheitern. Sie lassen sich frustriert zurückstufen oder weichen auf Nebenfunktionen aus, verlassen das Unternehmen oder bekommen aus Karrierefrust heraus Kinder.

Männer meinen dann oft, dass es sich Frauen »zu leicht« machen. Dabei haben diese Männer nicht einmal eine Ahnung davon, womit Frauen in der Arbeitswelt konfrontiert werden. Natürlich sind auch Männer von Zeit zu Zeit mit dem Problem konfrontiert, sich nicht durchsetzen zu können, aber seltener und in anderer Form, da sie sich ja in ihrem eigenen Kommunikationssystem bewegen. Es gibt Männer, die wie die meisten Frauen eher dazu neigen, mit ihrer Kommunikation Verbindungen herzustellen, und einige Frauen, denen statusorientierte Kommunikation wie selbstverständlich in die Wiege gelegt ist. Aber grundsätzlich lassen sich typische Unterschiede erkennen und beschreiben.

Sie können Ihr Kommunikationsverhalten verändern, wenn Sie es immer wieder trainieren – und von Ihrem Umfeld für Ihr »neues« Verhalten mit Erfolg belohnt werden. Und Sie können leichter trainieren, wenn Sie es als Spiel begreifen, mit Regeln, guten Zügen, Fouls und tagesabhängigen Leistungsunterschieden. Wichtig ist, dass Sie zwischen sich als Mensch und als Spielerin oder Spieler unterscheiden.

> Verstehen Sie sich als Spielerin in einem Spiel, dessen Regeln sich wie eine Fremdsprache erlernen lassen.

RANGORDNUNG VOR INHALT

Die konträren Formen der Kommunikation von Männern und Frauen führen im Arbeitsalltag ständig zu Missverständnissen. Für Frauen ist besonders schwer nachvollziehbar, dass die Rangordnung stets dem Inhalt übergeordnet ist. Die klassische Situation, in der dieser Grundsatz zum Tragen kommt, ist zum Beispiel eine Konferenz ohne klaren Ranghöchsten.

Die Geschäftsführung hat entschieden, dass ein bestimmtes Problem bereichsübergreifend bearbeitet werden soll. Bereich A lädt die Bereiche B und C zu einer gemeinsamen Konferenz ein. Die jeweiligen Gesandten treffen zusammen, und es gibt niemanden, der eindeutig den höchsten Rang bekleidet. Und jetzt stellen Sie sich bitte noch vor, dass an dem großen Tisch überwiegend Männer sitzen. Sie sind eine der wenigen Frauen, haben sich auf das Thema vorbereitet, haben sogar einige interessante Lösungsansätze dabei, und die Konferenz beginnt. Haben Sie einmal versucht, innerhalb der ersten fünfzehn Minuten einer derartigen Konferenz einen inhaltlichen Beitrag zu bringen? Wenn ja, werden Sie jetzt mit Sicherheit schmunzeln oder sogar schallend lachen. Ein inhaltlicher Beitrag in der ersten Viertelstunde? Interessiert niemanden am Tisch. Erst einmal muss die Rangordnung geklärt werden. Dazu wird getrommelt, posiert, Scheininhalte werden möglichst dominant präsentiert. Viele Frauen haben an dieser Stelle das Gefühl, im falschen Film oder im Zoo zu sitzen. Wenn sie in den ersten fünfzehn Minuten versuchen, Inhalte voranzubringen, erleben sie zumeist verwirrt oder frustriert, dass sie kein Gehör finden. Dabei liegt es nicht an ihnen, sondern am Zeitpunkt. Erst wenn die Rangordnung geklärt ist, gibt es eine klare Nummer eins, eine Nummer zwei etc.

Wenn Sie selbst sich noch nicht zutrauen, um die vorderen Plätze mitzuspielen, vergessen Sie einfach die Konferenz in der Startphase. Nutzen Sie die Zeit effizient, indem Sie Ihren Arbeitstag planen, Einkaufslisten erstellen oder was Ihnen sonst Sinnvolles einfällt. Natürlich können Sie auch einfach immer eine Viertelstunde später kommen, allerdings findet diese Vorgehensweise nicht überall Anerkennung.

> Rangordnung vor Inhalt!
> Zuerst muss die Gruppe ihre Hierarchie
> auskämpfen. Vorher ist sie nicht arbeits-
> fähig.

IMMER AN DIE NUMMER EINS

Das Einzige, was Sie im Auge behalten müssen, ist, wer das Rennen macht. Der Vorteil der Rangordnung ist nämlich, dass der Prozess danach relativ schnell vonstatten geht, da die Nummer eins ab jetzt als Meinungsführer anerkannt wird. Und nun wird es interessant für Ihre Inhalte: Wenn Sie etwas sagen, dann sagen Sie es der Nummer eins. Den Ranghöchsten müssen Sie überzeugen oder überzeugend attackieren. Das verschafft Ihnen Gehör, Respekt und die Anerkennung der anderen Anwesenden. Denn wer hätte sonst ein Interesse daran, auch nur einen einzigen Gedanken an die rangniedrigste Person in der Runde zu verschwenden? Und genau diese Position haben Sie, wenn Sie zu Beginn nicht mitspielen und nicht um eine Position in der Rangordnung kämpfen. Sie wird Ihnen von den anderen unwillkürlich zugeordnet.

Viele Frauen neigen dazu, für ihre Argumentation nach Verbündeten zu suchen. Sie sprechen in die Runde und versuchen, andere in ihre Argumentation mit einzubeziehen.

Das entspricht der weiblichen Netzwerkkommunikation. Es nützt bloß gar nichts, wenn die Personen, die Ihrer Meinung nahestehen, aus dem Rangordnungskampf mit den Positionen neun, zehn und elf hervorgegangen sind. Dann können Sie zwar deren Meinung in Ihre Argumentation mit einfließen lassen, aber im Zweifel wird es Ihnen eher schaden als nützen – Rangordnung vor Inhalt. Sollte die Nummer zwei Ihrer Position sehr nahestehen, ist es natürlich durchaus sinnvoll, wenn Sie sie für sich gewinnen können. Aber grundsätzlich gilt: Wenden Sie sich immer dem Anführer zu, wenn Sie gehört werden wollen. Die Königin des Spiels kommuniziert schließlich mit dem König und nicht mit den Bauern!

Eine typische Aussage von Frauen zu Frauen nach Konferenzen ist: »Ich habe es zwei Mal gesagt. Meinst du, einer hätte zugehört? Und zwei Minuten später sagt Kollege Schröder das Gleiche, und alle sagen ›Klasse, Schröder‹!« – Kommt Ihnen das bekannt vor? Ganz offensichtlich hat diese Frau zu Beginn nicht am Rangordnungskampf teilgenommen. Falls doch, ist sie mit einer niedrigen Position daraus hervorgegangen. Später hat sie versucht, etwas Inhaltliches beizutragen, wobei sie vermutlich in die Runde oder zu einer anderen niedrigen Position gesprochen hat. Mit dem Ergebnis, dass niemand ihren Beitrag ernst genommen hat. Sie hat als Bauer zu Bauern gesprochen, erwartet aber die Anerkennung durch ranghöhere Figuren.

Schröder hat es mit halbem Ohr vielleicht gehört, fand es gut und sagt es später selbst. Vielleicht hält er es sogar für seine eigene Idee. Möglicherweise ist er aber auch einfach skrupellos genug, kluge fremde Ideen als seine eigenen darzustellen. Jedenfalls hat er offenbar eine erheblich höhere Position in der Runde erstritten mit dem Erfolg, dass dieselbe Idee nun ernst genommen und begrüßt wird.

> Immer an die Eins!
> Wenn Sie etwas sagen, sprechen Sie
> nicht in die Runde, sondern wenden Sie
> sich immer an die ranghöchste Person.
> Wenn Ihnen die Eins zuhört,
> hören Ihnen alle anderen ebenfalls zu!

Im Volksmund lautet die Regel: »Sprich nicht mit Schmidtchen, sprich mit Schmidt!« In Problemsituationen wird sie gern mit dem Satz »Dürfte ich mal Ihren Vorgesetzten sprechen?« angewendet.

Eine meiner Seminarteilnehmerinnen sagte zu dem Phänomen des Ideenraubs »Ich handhabe es mit meiner Kollegin in Sitzungen immer so, dass, wenn jemand meine Idee einfach wiederholt und als seine eigene ausgibt, meine Kollegin laut sagt: ›Wie Frau Becker ja bereits vor drei Minuten sagte‹, und umgekehrt.« – Diese Methode verschafft den beiden Damen vielleicht ein besseres Gefühl, aber sie bringt überhaupt nichts. Niemanden interessiert, was die Vierzehn und die Fünfzehn vor sich hin murren.

Wenn Ihnen jemand Ihre Idee auf diese Weise klaut, dann ziehen Sie einmal quer, indem Sie dazwischengehen und sagen: »Danke, Herr Schröder, dass Sie meinen Gedanken noch einmal aufgreifen.« Und dann richten Sie Ihre weitergehenden Ausführungen sofort wieder an den Ranghöchsten! Das Gleiche sollten Sie tun, wenn sich ein aufmerksamer Kollege als Komoderator aufspielt, während Sie präsentieren. Versuchen Sie, ihm so schnell wie möglich das Wort abzunehmen, unterbrechen Sie ihn gegebenenfalls, und wenden Sie die Energie sofort wieder der Eins zu. Wenn Sie den Ranghöchsten an Ihren Vortrag fesseln, hat der Kollege kaum eine Chance, Ihnen reinzureden.

Falls es Ihnen schwerfällt, jemanden zu unterbrechen, stellen Sie sich einfach vor, Sie führen mit Ihrem Wagen auf einer Landstraße und hätten es eilig. Sehr eilig. Und Sie hingen hinter einem Lkw. Wenn Sie wirklich schnell überholen wollen, lauern Sie im dritten Gang hochtourig auf Ihre Chance und geben schon mal Gas, wenn die Lücke naht. Genauso ist es mit dem Unterbrechen: Konzentrieren Sie sich auf die winzige Chance, wenn Ihr Gegenüber auch nur den Bruchteil einer Sekunde Luft holt oder nachdenkt. Und dann sprechen Sie sofort freundlich, aber bestimmt in diese Lücke hinein. Aber Vorsicht: Ranghöhere Menschen sollten Sie lieber nicht unterbrechen. Falls Ihr Chef Ihre Präsentation mit einem kleinen Monolog unterbricht, lassen Sie lieber etwas von seinem Glanz auf sich abfärben, indem Sie durch Blickkontakt und das ein oder andere zustimmende Nicken eine Verbindung herstellen.

GLANZ VOR GLORIE

Ein klassischer Stoßseufzer von Frauen nach Konferenzen ist folgender: »Dass die Typen am Ende immer noch mal das sagen müssen, was wir schon dreimal gehört haben. Merken die es denn gar nicht?« Frauen empfinden das in aller Regel als enorme Zeitverschwendung. Aber Achtung: Das ist eine weibliche Bewertung vor dem Hintergrund der inhaltsorientierten Netzwerkkommunikation. In Bezug auf das Rangordnungsspiel ist dieses Verhalten durchaus sinnvoll.

Meistens sind es die niedrigen Positionen, die gegen Ende noch einmal einen »wichtigen« Beitrag leisten. Und wenn ihnen nichts Besseres einfällt, wiederholen sie eben das, was der Vorredner gerade gesagt hat. Hauptsache, sie haben etwas gesagt. Selbstverständlich haben Frauen recht, wenn sie bemängeln, dass der inhaltliche Gehalt dieser Beiträge häufig gegen null tendiert und somit aus ihrer Sicht nur Zeit kostet. Aber um den Inhalt geht es eben nicht. Es geht einzig darum, sich noch einmal bemerkbar zu machen, wahrgenommen zu werden und vielleicht von dreizehn auf zwölf zu rutschen. Das könnte beim nächsten Mal eine bessere Ausgangsposition bringen.

Nun empfehle ich Ihnen mit Sicherheit nicht, etwas zu sagen, nur um etwas zu sagen. Sie kämen sich vermutlich zu albern vor. Aber wenn Sie einen halbwegs intelligenten Beitrag bringen können, dann tun Sie es! Nur so werden Sie wahrgenommen. Natürlich können Sie sich auch entscheiden, nichts zu sagen. Aber Sie vergeben damit eine Chance innerhalb des Rangordnungsspiels und müssen akzeptieren, von den anderen Mitspielern gegebenenfalls runtergestuft zu werden. Wie bereits zu Beginn erläutert: Es geht nicht darum, was gefällt, sondern was erfolgreich ist im Sinne machtvoller Kommunikation. Das Schlusswort spricht in der Regel die Eins, oft in Form einer Zusammenfassung des Gesagten.

> Machen Sie sich in Konferenzen, Meetings und Besprechungen mit Beiträgen bemerkbar!

Sie können sich der Kraft der Rangordnung nicht entziehen, denn schließlich sind es die anderen, die Sie einordnen. An Ihnen liegt es lediglich, an welcher Position Sie eingeordnet werden. Sie entscheiden also selbst, ob Sie als Bauer oder als Dame auf dem Schachbrett stehen. Wie gesagt: Betrachten Sie es als Erlernen einer Fremdsprache. Dann kann es sogar Spaß machen, sich die Techniken des Rangordnungskampfes anzueignen.

Frauen auf Kongressen oder Fachtagungen erleben die statusorientierte Kommunikation ihrer Kollegen oft schon bei der Frage: »Und, wie läuft es so?« Männer berichten dann gern ausführlich, wie wunderbar alles läuft, wie sensationell sich die Geschäfte und vor allem natürlich die eigenen Aktivitäten entwickeln. Frauen denken dann zuweilen, sie seien die Einzigen, die Probleme haben, und sind ganz erleichtert, wenn sie auf eine Frau treffen, die auch mal von ganz konkreten Schwierigkeiten berichtet.

Die statusorientierte Kommunikation lässt eine solche Äußerung nicht zu. Zuerst wird die Rangordnung geklärt, und dazu stellt man (Mann) sich gut dar. Und das eben auch auf einem Kongress, einer Fachtagung, ja sogar einem Seminar oder bei privaten Zusammenkünften. Bei Letzteren ist das Fachsimpeln eine beliebte Disziplin, in der sich Männer untereinander zu übertreffen versuchen. Je mehr Detailwissen einer hat, desto mehr Punkte erhält er.

Als ich als Volontärin mal wieder mit einem riesigen Stapel Papier am Kopierer stand, tauchte ein junger Mann aus einer anderen Abteilung auf, der wichtig mit seinen Blättern wedelte und mich aufforderte, umgehend den Kopierer freizugeben. Als ich erwiderte: »Es wird noch ein bisschen dauern, ich habe noch etwa fünfzig Seiten«, baute er sich vor mir auf, reckte sein Kinn und sagte staatstragend: »Das muss warten. Bei mir handelt es sich um Vorstandskopien!« Ich bin damals fast in Gelächter ausgebrochen. Also, so macht Kopieren doch gleich doppelt Spaß, wenn man Vorstandskopien machen darf! Es gibt also auch bei Kopien eine Rangordnung. Ich machte den engagierten Mann darauf aufmerksam, dass es fünfzig Meter weiter einen anderen Kopierer gab, der sich hervorragend für Vorstandskopien eignete.

SANKTIONEN

Klare Hierarchien sind für Männer wichtig. Wie stark sie sich dieser Struktur unterordnen, verdeutlichen Karikaturen, auf denen Männer den Hintern ihres jeweiligen Vorgesetzten küssen. Überschrift: Karriereleiter. Können Sie sich dieses Bild mit Frauen vorstellen? – Karikaturisten offensichtlich auch nicht. Denn dieses Bild beinhaltet einen weiteren Aspekt der Rangordnung, der Frauen eher fremd ist: der manchmal fast duckmäuserische Gehorsam der höheren Position gegenüber, selbst wenn man (Mann) anderer Meinung ist. Rangordnung vor Inhalt. Dazu gehört auch, die Reihenfolge der Rangordnung einzuhalten, den Vorgesetzten nicht zu übergehen.

Frauen gehen aufgrund ihrer größeren Sachorientierung viel eher in den Widerstand und auch schon mal »ein Haus weiter«, wenn Entscheidungen und Anweisungen aus ihrer Sicht dem Wohl der Organisation abträglich sind. Das ist aus männlicher Sicht ein unerhörtes Verhalten, da es die Rangordnung und damit die wichtigste Grundlage der

Kommunikation infrage stellt. Daher wird ein solches Verhalten meist hart sanktioniert. Einen ehemaligen Kollegen von mir hätte es fast seine Karriere gekostet, dass er seinen Vorgesetzten einmal überging. Noch Jahre später hätte er sich eher die Zunge abgebissen, als an der falschen Stelle etwas Kritisches über seinen Chef zu sagen.

Frauen ist das Gewicht der Rangordnung oft überhaupt nicht bewusst. Sie stellen Entscheidungen von Vorgesetzten viel eher infrage. Das kann für manch einen Vorgesetzten zwar lästig sein, ist aber mit Sicherheit im Interesse des Unternehmens.

> Wer seinen Vorgesetzten übergeht, missachtet die Grundregel des Spiels: Rangordnung vor Inhalt.
> Daher wird ein solches Verhalten oft scharf geahndet.

 ## WETTKAMPF VERSUS PUPPENSPIEL

Diejenigen, die das unterschiedliche Verhalten von Männern und Frauen vor allem auf die Erziehung zurückführen, begründen das unter anderem mit der Art, wie Jungs und Mädchen zu spielen lernen, und vergleichen die Regeln des Ballspiels mit denen des Spielens mit Puppen. Und egal, ob man die Erziehung oder die Gene für ursächlich hält – das Spiel veranschaulicht schon früh gravierende Lern- beziehungsweise Verhaltensunterschiede.

Beim Spiel mit Puppen ist alles auf Konsens, das Ausschmücken von Details und immer neu erfundene Fantasiewelten ausgerichtet, die immer wieder diskutiert werden. Dabei gibt es keinen Gewinner. Mädchen lernen vor allem, wie man fair mit anderen umgeht und Entscheidungen im Konsens erzielt. Es gibt auch keinen klaren Ranghöheren, der irgendetwas anweist. Auch wenn einige Mädchen dominanter sind als andere. Schließlich spielt Susanne nicht mehr mit mir, wenn immer nur ich bestimme, was ihre Puppe anzieht.

Beim Ballspiel gibt es im Gegensatz dazu klare Regeln, nur der Erfolg im Wettbewerb zählt, und: Es gibt einen Trainer, der sagt, wo es langgeht. Es gibt also klare Anweisungen, die im Normalfall nicht diskutiert werden. Wenn der Trainer sagt: »Du läufst dreißig Meter geradeaus und ziehst dann rein«, dann laufen Jungs dreißig Meter geradeaus und ziehen dann rein. Keiner käme auf die Idee, zu sagen: »Aber heute könnten wir es doch mal mit fünfzehn Metern geradeaus und dann nach links im Zickzack versuchen.« Einzige Ausnahme: Man läuft trotz der Anweisung nach fünfzehn Metern links und schießt ein Tor. Erfolg gibt immer recht! Aber das ist eben sehr riskant, denn wenn man nicht ins Tor trifft, gibt es Ärger.

So lernen Jungs, Anweisungen ohne Diskussion zu befolgen, sie lernen, wie es ist, zu gewinnen und zu verlieren, dass im Wettkampf fast alles erlaubt ist, solange der Schiedsrichter nicht pfeift und es zum Sieg führt. Und sie lernen auch, dass der Ranghöhere dem Rangniederen befehlen darf. Vor allem aber lernen sie, dass Wettkampf Spaß macht! Denn schließlich ist es ein tolles Gefühl, als Sieger bejubelt zu werden.

> Viele Kinder, vor allem Jungs, lernen früh, dass Wettkampf Spaß macht und dass es sich gut anfühlt, zu gewinnen. Diese Erfahrung prägt auch das spätere Verhalten im Beruf.

 **VOLLER KÖRPEREINSATZ**

Das Rangordnungsspiel wird nicht nur verbal, sondern auch mit körperlichen Mitteln ausgetragen. Es beginnt bereits mit der Begrüßung. Hier ein Beispiel.

Im »Aktuellen Sportstudio« kündigt Johannes B. Kerner den großen alten Mann des Sportstudios an: Dieter Kürten, der gerade 75 Jahre alt geworden ist. Tosender Applaus, und Kürten betritt das Studio. Als er Kerner die rechte Hand zur Begrüßung reicht, fährt seine linke hoch und legt sich auf Kerners Oberarm. Sie kennen diese Form der Begrüßung unter Männern. Kürten betritt sein »Wohnzimmer«, den Ort, an dem er jahrelang Chef war. An diesem Ort ist er die Nummer eins. Und was macht Kerner? Er antwortet mit derselben Geste: Er hebt seinen linken Arm und legt seine Hand auf Kürtens Oberarm. Soll sagen: »Mein Lieber, dies ist jetzt mein Wohnzimmer, und hier bin ich der Chef!«

Ich saß gespannt vor dem Fernseher in hoffnungsfroher Erwartung einer Schlacht. Aber Kürten akzeptierte die Geste und ordnete sich unter. Ich war fast enttäuscht.

Es gibt natürlich jede Menge anderer Beispiele: Wer begrüßt wen, wie laut wird gegrüßt, mit wie viel Schwung ein Raum betreten, wie geräuschvoll sich gesetzt, wer sitzt wo etc. Sollten Sie es bisher noch nicht getan haben, dann achten Sie ab jetzt einmal besonders auf all diese Details. Sie sind extrem aufschlussreich und helfen Ihnen, Ihre Handlungsmöglichkeiten zu erweitern.

Zum Beispiel die Begrüßungsrituale unter Politikern. Ich habe bislang kein Bild gesehen, auf dem der physisch kleine Mann, aber große Machtmensch Wladimir Putin nicht seine Hand auf die seines Gegenübers gelegt hätte. Jacques Chirac hat Angela Merkel bei der ersten Begrüßung geradezu erdrückt! Er hat sie in einer Weise an sich gepresst, die er sich bei einem Mann niemals herausgenommen hätte.

Lautstärke, Unterbrechungen des Gegenübers, wie viel Raum sich jemand nimmt, wer wen berühren darf, wer ungeahndet zu spät kommen darf – all das gehört zum Machtkampf im Rangordnungsspiel. Es sind Zeichen der Dominanz über andere, und sie werden auch von allen so verstanden. Zumindest im Unterbewusstsein. Spätestens seit Freud ist bekannt, dass Kommunikation nur zu einem Bruchteil an der bewussten Oberfläche abläuft. Genauso, wie wir unbewusst über Stimme, Haltung, Mimik, Gestik etc. Signale senden, empfangen und interpretieren wir auch das Gros der Signale unbewusst.

Albert Mehrabian vertrat schon 1972 in seiner Studie »Silent Voices« die Auffassung, dass nur zu 7 Prozent der Inhalt, zu 38 Prozent die Stimme und zu 55 Prozent die Körpersprache darüber entscheiden, was bei unserem Kommunikationspartner ankommt. Auch wenn die Studie umstritten ist – unumstritten ist, dass der sachliche Gehalt nicht die entscheidende Rolle spielt.

Stellen Sie sich vor, Sie lächeln jemanden an, der kein Deutsch versteht, und sagen mit warmer, freundlicher Stimme: »Was bist du doch für ein Riesentrottel.« Ihr Gegenüber wird vermutlich freundlich zurücklächeln. Dagegen dürfte es zu großer Verstimmung führen, wenn Sie jemandem sagen, wie sehr Sie ihn lieben, und dabei gelangweilt in einer Zeitung blättern. Entscheidend ist, *wie* Sie etwas sagen. Wenn Sie sich beispielsweise unsicher fühlen, dann wird Ihr Gegenüber dies genau spüren und diese Unsicherheit auch auf Ihren Inhalt übertragen. Es lohnt sich daher, den sicheren Auftritt und sicheres Reden zu trainieren.

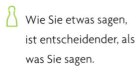

Wie Sie etwas sagen,
ist entscheidender, als
was Sie sagen.

Würde es Ihnen als Frau einfallen, breitbeinig zurückgelehnt im Stuhl zu hängen? Nein. Aber ich bin mir sicher, dass Sie ein genaues Bild von dem haben, was ich beschreibe, und dass Sie mindestens einen Kollegen kennen, der genau so zu sitzen pflegt. Frauen neigen eher dazu, kerzengerade und mit gefalteten Händen am Tisch zu sitzen, die Beine züchtig gerade nebeneinander oder mit übereinandergeschlagenen Beinen. Und selbst wenn sie sich mal rege an der Diskussion beteiligen, nehmen sie sich wenig Raum am Tisch.

Nun wirkt es bei einer Frau auch tatsächlich noch befremdlicher als bei einem Mann, wenn sie extrem breitbeinig dasitzt. Aber es gibt Stufen dazwischen. Setzen Sie sich beispielsweise entspannt nach hinten in Ihren Stuhl, und achten Sie darauf, Ihre Arme nicht an sich zu pressen und schon gar nicht die Hände gefaltet in den Schoß zu legen. Lassen Sie die Arme locker auf der Stuhllehne oder Ihren Beinen liegen. Dann wird es Ihnen leichter fallen, Ihre Worte mit Gesten raumgreifend zu unterstreichen und auf diese Weise Ihren Worten erheblich mehr Wirkung zu verleihen.

Interessanterweise fällt es Frauen in Rollenspielen überhaupt nicht schwer, sich am Tisch breitzumachen, wenn sie Schröder oder einen seiner Kollegen mimen. Sowie die Kamera aus ist, setzen sie sich aber wieder »züchtig« an den Tisch und fragen, wie sie waren.

> Der Körper ist das wichtigste Instrument im Machtkampf. Nehmen Sie sich mit Gesten Raum, und treten Sie so souverän wie möglich auf!

DER LÄCHELREFLEX
UND DAS POKERFACE

Ein Lächeln ist etwas Wunderbares und macht das Leben schöner, zumal Menschen in den meisten Situationen ebenfalls mit einem Lächeln darauf reagieren. Aber das gilt nicht im Machtkampf! Hier wird ein Lächeln mit leicht zur Seite geneigtem Kopf nicht erwidert, sondern als Zeichen der Schwäche gedeutet – eine Geste der Unterwerfung, die in der freien Natur eine Beißhemmung verursacht. Nicht aber im Arbeitsalltag! Daher ist dieser Reflex äußerst hinderlich, und Sie sollten versuchen, ihn strikt zu vermeiden.

Männer maskieren ihr Gesicht in Diskussionen, sie können mit einer wie versteinerten Miene dasitzen und mit ebenfalls minimaler Mimik von oben herab angreifen. Solange es um die Rangordnung geht, sollten Sie ebenfalls mit maskiertem Gesicht – einem Pokerface – auftreten. Wenn Sie den Punkt für sich verbucht haben und in der Rangordnung als höher stehend anerkannt sind, können Sie wieder lächeln.

Zu Studienzwecken empfehle ich den »Presseclub« der ARD, wo vielfach auch Journalistinnen diskutieren. Gut ausgebildete Frauen mit einer fundierten Meinung. Obwohl diese Runde üblicherweise sehr gesittet diskutiert, wird es auch hier manchmal etwas rauer. Und wenn die Damen von ihren männlichen Kollegen angegriffen werden, reagieren sie oftmals mit dem Lächelreflex und knicken ein. Aber auch hier gilt: Von der stolzen Haltung der Dame lernen! Können Sie sich eine Dame mit einem unterwürfigen Mädchenlächeln vorstellen? Wenn, dann lächelt die Dame aus ihrer gehobenen Stellung würdevoll herab.

Nicht umsonst sind politische Talkshows inhaltlich meist wenig aussagekräftig. Viele männliche Profis äußern sich möglichst laut, überheblich, herablassend oder aggressiv. Vermittelt werden soll Dominanz. Und es funktioniert! Auch bei Frauen. Sie finden dieses Verhalten zwar einerseits abstoßend, verknüpfen es aber andererseits mit Kompetenz. Die alte Maxime »Wer aggressiver oder arroganter argumentiert, gewinnt« funktioniert auch in Zeiten, da die Menschen im Zuhören, Feedback, in Teamarbeit etc. geschult sind. Ich möchte Ihnen nicht raten, sich künftig ebenso zu verhalten. Aber Sie sollten vorbereitet sein, wenn Ihnen dieses Verhalten begegnet, und es parieren können.

Zurück zum »Presseclub«: Im Anschluss wird die Sendung »Presseclub nachgefragt« auf Phönix ausgestrahlt, bei der Zuschauer anrufen und Fragen an die Runde stellen können. Und dabei ist mit schöner Regelmäßigkeit zu beobachten, dass dem arrogantesten Redner die größte Kompetenz zugesprochen wird, da sich an ihn die meisten Fragen richten.

> Falls Sie zum Lächelreflex neigen, versuchen Sie, sich diesen abzugewöhnen. Er wird als Zeichen der Unterlegenheit gedeutet.

Dass Männer sich gern maskieren, können Sie auch bei Präsentationen im Beruf beobachten. Sie stehen vor einer großen Gruppe Männer und sollen ein neues Konzept präsentieren. Sie reden und reden und können nicht das Geringste in den Gesichtern Ihrer Zuhörer lesen. »Es ist, wie emotional zu verhungern«, drückte es einmal eine meiner Kolleginnen aus. Wichtig ist, sich von diesen Masken nicht beirren zu lassen. Denn es kann sehr wohl passieren, dass Sie Ihren Vortrag ohne eine einzige Rückmeldung beenden und anschließend jemand auf Sie zukommt und sagt: »Super Vortrag!«

Wenn Sie vor einer Runde präsentieren, in der neben Männern auch ein oder zwei Frauen sitzen, denken Sie unbedingt wieder an die wichtigste aller Regeln: Immer an die Eins! Und wenn die Eins ein sich maskierender Mann ist, erliegen Sie nicht der Versuchung, sich Zuwendung von den Frauen zu holen. Das kann schnell passieren, weil Frauen viel eher dazu tendieren, bestätigend zu nicken und einen auch mal anzulächeln. Aber das Wichtigste ist, dass Sie den Kontakt zur Eins halten.

Die Maske beinhaltet immer auch den Aspekt, auf den anderen hinabsehen zu können. Sie ist ein Instrument des Rangordnungsspiels. Und sollten Sie sich damit schwertun, weil Sie vielleicht auch ein eher kleiner Mensch sind, dann denken Sie an folgendes Bild: Auch manch einem Porschefahrer gelingt es, von unten auf andere hinabzublicken.

Maskieren Sie sich im Wettkampf!
Ihre Maske ist Schutz und Waffe zugleich.
Lächeln können Sie hinterher.

 ## UNBERÜHRBAR WIE DIE QUEEN

Berührung ist ebenfalls ein Zeichen von Macht. Wer einen anderen berührt, dringt in dessen persönlichen Raum und somit in seinen Machtbereich ein. Und das steht, wenn überhaupt, immer nur dem Ranghöheren zu. Oder würden Sie einfach die Queen anfassen? Wenn, dann wäre es doch wohl umgekehrt. Männer betrachten den Raum instinktiv eher als ihnen zustehend und neigen dazu, sich auszubreiten und Frauen wie selbstverständlich zu berühren. Aber: Die Dame im Schach ist die Königin des Spiels und als solche unberührbar wie die Queen. Wenn, dann berührt die Dame die Untergebenen.

Achten Sie darauf, und wenn man Sie einfach so berührt, dann reagieren Sie zumindest wie Johannes B. Kerner: Retournieren Sie! Und wenn Sie beispielsweise Probleme damit haben, sich gegenüber einem jungen, forschen Mann durchzusetzen – fassen Sie ihn an! Ich sehe die schreckgeweiteten Augen einiger Leserinnen jetzt förmlich vor mir. Aber ich verspreche Ihnen, nichts ist erfolgreicher als diese

Methode. Wenn besagter junger Mann zum Beispiel Kisten aus dem Lager holen soll und sich als bockig erweist, dann fassen Sie ihm von hinten auf die Schulter oder von der Seite auf den Unterarm und sagen noch einmal, dass Sie erwarten, dass er bis morgen die Kisten aus dem Lager geholt hat. Sie werden über das Ergebnis verblüfft sein. Der junge Mann übrigens auch, da er gar nicht so recht begreifen wird, wie ihm geschieht.

In diesem Zusammenhang möchte ich den Blick einmal auf die Etikette lenken. Um etwaigen Missverständnissen vorzubeugen: Ich gehöre zu den Frauen, die es sehr zu schätzen wissen, wenn man ihnen in den Mantel hilft, schweres Gepäck abnimmt, die Tür aufhält etc. Ich genieße diese Gesten, weil es Gesten der Aufmerksamkeit sind. Aber es ist trotzdem nicht verkehrt, wenn man – oder in diesem Fall wirklich besser Frau – weiß, was sich hinter vielen Gesten der Höflichkeit alles verbirgt.

Beim Handkuss zum Beispiel dringen die Lippen eines Mannes sehr weit in den persönlichen Raum der Frau ein. Wenn der Herr der Dame in den Mantel hilft, dringt er ebenfalls in ihren persönlichen Raum ein, desgleichen, wenn er Feuer gibt. Der persönliche Raum ist in der westlichen Welt in der Regel der Abstand, der mit Faustlänge beschrieben wird. Mit diesem Abstand fühlen wir uns instinktiv wohl, weil er uns Sicherheit gibt. Und die Etikette kennt nur Regeln, die Männern gestatten, in den Raum der Frau einzudringen.

Anstandsregeln waren früher sogar dazu da, Frauen den gesellschaftlichen Raum zu nehmen. Viele junge Frauen durften zum Beispiel noch in den fünfziger Jahren nur in

Begleitung eines Bruders oder Schwagers öffentliche Veranstaltungen besuchen. Bewegung im gesellschaftlichen Raum gab es nur durch männliche Gunst. Nun sind diese Regeln in der westlichen Welt zum Glück überholt, aber es lohnt sich, immer mal wieder daran zu denken, dass es noch gar nicht so lange her ist.

Genießen Sie es also weiterhin, wenn Ihnen jemand Ihr schweres Gepäck abnimmt, aber nehmen Sie auch ruhig einmal die andere Rolle ein! Helfen Sie einem Mann in den Mantel, bieten Sie Feuer an, und probieren Sie aus, wie es sich anfühlt, wenn *er* sich beim Spazierengehen bei *Ihnen* einhakt oder Ihre Hand beim Händchenhalten vorne ist. Das ist ein anderes Gefühl. Wenn man sich all dessen bewusst ist, kann man auch einmal einen altmodischen Handkuss von Herzen genießen. Beim Staatsempfang unserer Kanzlerin finde ich ihn trotzdem befremdlich.

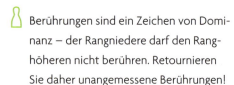 Berührungen sind ein Zeichen von Dominanz – der Rangniedere darf den Ranghöheren nicht berühren. Retournieren Sie daher unangemessene Berührungen!

WARUM SCHRÖDER WIEDER ENDLOS REDET

Auch in zeitlicher Hinsicht können Sie sich Raum nehmen. Vor einigen Jahren wurde ein Spiel populär, das mit großer Begeisterung auf Konferenzen gespielt wurde: Bullshit-Bingo. Falls Sie die Regeln nicht kennen: Jeder Spieler erhält eine Reihe von aktuell modernen Managementbegriffen. Wenn einer dieser Begriffe fällt, darf er ein Kreuz machen. Wer zuerst fünf Kreuze in seiner Reihe hat, hat gewonnen.

Mein persönlicher Favorit war eine Zeit lang »die normative Kraft des Faktischen«. Ich habe mit Kollegen immer Wetten abgeschlossen, wie oft diese Phrase in einer Konferenz verwendet würde. Wer am dichtesten dran war, gewann den Pott.

Es hieße nicht Bullshit-Bingo, wenn diejenigen, die die Begriffe benutzen, damit auch tatsächlich etwas aussagen würden. Aber häufig ist das eben nicht der Fall, sondern es geht darum, sich im übertragenen Sinne Raum zu nehmen, indem man lange spricht. Bei Unternehmensberatern gibt es dafür den herrlichen Begriff »Airtime«. Üblich ist, dass vor allem äußerlich weniger aggressive Männer viel Airtime in Anspruch nehmen, um ihre Position und ihre etwaigen Ansprüche zu untermauern. Das kann für Frauen schon mal zu einer echten Geduldsprobe werden. Wenn Sie solch einer Person im Sinne der Rangordnung vorgesetzt sind, sollten Sie Ihre Position nutzen, um die Airtime rigoros zu begrenzen. Sind Sie ihr unterstellt, helfen nur Atemübungen oder Bingo, um nicht einzuschlafen.

> Nehmen Sie sich Airtime in einer Besprechung, auch wenn in der Kürze die Würze liegt. Airtime kann ein Mittel der Dominanz sein.

Und für den Fall der Fälle ein Beispiel für Bullshit-Bingo:

Synergie-effekte	Lernkurve	zielführend	Corporate Identity	nachhaltig
Workload	eskalieren	Ball zuspielen	Kernaussage	Benchmark
Win-Win-Situation	Potenzial	global	Szenario	Info geben
ergebnisorientiert	imagebildend	rund sein	Early Win	fokussieren
sich schlaumachen	kundenorientiert	einstielen	kompetent	Herausforderung

OPTISCHE WIRKUNGEN

Die ehemalige Ministerpräsidentin Heide Simonis sagte nach einem Fernsehduell mit ihrem damaligen Herausforderer Peter Harry Carstensen, sie habe sich geradezu körperlich bedroht gefühlt. Sie war damals offensichtlich schlecht beraten, denn die beiden Kontrahenten waren nur durch einen schmalen Tisch voneinander getrennt und die Stühle offenbar in der Höhe nicht verstellbar. So konnte der erheblich größere und wuchtigere Herausforderer aus geringem Abstand mit seiner lauten Stimme verbale Attacken von oben nach unten abfeuern. Die Moderatorin blickte bei ihren Fragen auf Heide Simonis herab, während sie zu Peter Harry Carstensen aufschauen musste. Auch die Kameras waren so eingestellt, dass der Zuschauer auf die amtierende Ministerpräsidentin herabblickte, während er zum Herausforderer aufschaute.

Wer kleiner ist, sollte versuchen, die geringere Größe durch Abstand oder am besten durch die Sitzhöhe auszugleichen. Beides war in diesem Szenario nicht gegeben, wodurch Carstensen Simonis optisch deutlich überlegen war und diese Dominanzpunkte schon mal sicher hatte.

Zudem saßen die beiden Kontrahenten vor unterschiedlichen Hintergründen: Während Carstensen vor einer strahlend blauen Fläche präsentiert wurde, hatte Simonis das Publikum und Studioaufbauten hinter sich. Und der schmale Tisch bot ihr so gut wie gar keinen Schutz vor den sich dynamisch ausbreitenden Gesten des Kontrahenten, der mit seinem linken Arm immer weiter in ihren Bereich vordrang. Und Simonis ließ ihn gewähren, ohne das Verhalten zu retournieren oder zu ahnden.

Sie war optisch also in jeder Hinsicht unterlegen. Unser Unterbewusstsein bewertet solche Eindrücke, ob wir wollen oder nicht. Nicht umsonst versuchen kleine Männer häufig, sich größer zu machen, als sie sind. Über Nicolas Sarkozy, den französischen Präsidenten, wird gern berichtet, dass er sich für Gruppenfotos auf Zehenspitzen stellt.

> »Größer« und »stärker« sind Begriffe, die oft unbewusst mit unserem Bild von einem mächtigen Menschen verknüpft sind. Gleichen Sie äußerliche Unterlegenheit durch Entfernung zum Gegenüber aus!

Das gilt auch, wenn Sie ein langer Kollege auf dem Flur anspricht und mal eben eine Sache diskutieren will. Lassen Sie nicht zu, dass Sie wie ein Kind danebenstehen und sich den Kopf verrenken, um zu ihm aufzuschauen. Sagen Sie stattdessen, dass Sie im Augenblick keine Zeit hätten, er in einer

Stunde aber gern in Ihr Büro kommen könne. Und dort lassen Sie ihn sich dann erst einmal setzen, so dass Sie »auf Augenhöhe« miteinander sprechen können.

Dominanz lässt sich aber keineswegs nur durch Größe und Lautstärke erzielen. Auch mit leisem Sprechen können Sie eine machtvollere Energie als Ihr Gegenüber entwickeln. Denken Sie an die Stimme des »Paten«. Ferner kann Ironie ein Mittel sein, um sich erfolgreich zu wehren. Deutliche Gesten mit den Händen können dem Gegenüber Einhalt gebieten. Wer im Job unsportliches Verhalten in einer Gesprächsrunde zeigt, kann im Nachhinein durch Sanktionen im Arbeitsalltag gemaßregelt werden. Es gibt viele Möglichkeiten.

FOULSPIEL

Wichtig ist, dass Sie ein Foul nicht einfach durchgehen lassen. Zeigen Sie dem Gegenüber die Grenzen auf, und verschaffen Sie sich Respekt. Und wenn es anders nicht geht, müssen Sie diesen Respekt eben erzwingen, indem Sie beweisen, dass Sie im Zweifel härter foulen können.

Häufig finden Fouls in Form von Unterbrechungen oder körperlichen Übergriffen statt. In beiden Fällen ist es wichtig, den Angriff sofort zu parieren. Bei einer Unterbrechung bedeutet das, einfach weiterzureden und sich nicht unterbrechen zu lassen. Probieren Sie es aus! Das Beste daran ist, dass man Ihnen dieses Verhalten keinesfalls übel nimmt, sondern Sie in der Achtung Ihres Gegenübers steigen. Und wenn jemand Sie einfach so anfasst – zucken Sie nicht zurück! Fassen Sie Ihr Gegenüber ebenfalls an! Wenn jemand in Ihren Raum eindringt, müssen Sie den Raum verteidigen und dürfen auf gar keinen Fall flüchten! Jedenfalls nicht am Arbeitsplatz. Nachts im Park könnte es sich natürlich anders darstellen ... Ideal ist der sofortige Block. Und der muss trainiert werden, da die meisten Frauen auf körperliche Übergriffe reflexartig mit einer ausweichenden Bewegung reagieren.

Besonders verblüffend finde ich immer wieder, dass viele Frauen sich wie selbstverständlich von Männern unterbrechen lassen und diesen dann erst einmal zuhören, weil ein anderes Verhalten ja unhöflich wäre. Im Wettkampf wird gefoult, solange nicht gepfiffen wird.

Fast immer gereicht es Ihnen zum Nachteil, wenn Sie ein Foulspiel direkt thematisieren. Stellen Sie sich folgenden Satz in einer Teamrunde vor: »Ich finde es wirklich unfair, dass ich nie richtig ausreden kann.« Könnte dieser Satz von einem Mann stammen? Wohl kaum. Männer würden so ein Thema niemals problematisieren, sondern direkt lösen. Sie können ganz grundsätzlich mit dem Problematisieren selten etwas anfangen.

> Lösen Sie Ihre Probleme direkt,
> anstatt ein Foulspiel zu thematisieren.
> Foulen Sie zurück!
> Und zwar so hart, dass Sie nicht
> noch einmal gefoult werden.

Sollte es Ihnen allerdings häufiger passieren, dass Ihnen ein Vorgesetzter zum Beispiel bei Kunden ständig ins Wort fällt, dann sollten Sie im Vier-Augen-Gespräch nach den Gründen dafür fragen. Vielleicht sprechen Sie aus seiner Sicht zu kompliziert, zu lange oder bringen die Themen nicht auf den Punkt. Sollte Ihr Vorgesetzter Sie nur unterbrochen haben, um seinen Status zu demonstrieren, wird ihm sein Verhalten dank Ihrer konstruktiven Frage vielleicht bewusst, und er lässt Sie künftig auch mal ausreden.

Ein weiteres Feld für häufiges Foulspiel ist der Umgang mit Informationen. Es kommt vor, dass Ihre Ideen oder Leistungen von Kollegen, die sich damit brüsten wollen, als ihre eigenen ausgegeben werden. Der plumpeste Trick ist nach wie vor, eine Fußzeile auf einem Chart durch die eigene auszutauschen. Vermeiden lässt sich das inzwischen durch schreibgeschützte PDF-Dateien.

Aber auch Folgendes kann Ihnen passieren: Sie haben eine Idee und gehen damit zu Ihrem Kollegen. »Du, Martin, sollten wir die Daten der Kundenbefragung nicht zusätzlich für eine Datenbank nutzen? Das findet der Kunde doch mit Sicherheit gut. Was meinst du?« Martin signalisiert Ihnen, dass die Idee grundsätzlich nicht schlecht ist und man darüber nachdenken könnte. Sie verlassen sein Büro, kehren an Ihren Computer zurück und finden mit dem Hinweis »dringlich« eine E-Mail von Martin »an alle« vor: »Da es mir sinnvoll erscheint, die Daten der Kundenbefragung auch für den Aufbau einer Datenbank zu nutzen, möchte ich für morgen, 14 Uhr einen Termin zu diesem Thema einberufen.« Dieses typische Beispiel wusste eine Seminarteilnehmerin zu berichten.

Ein solches Foul müssen Sie ahnden! Sie müssen sofort in Martins Büro gehen und klarstellen, dass Sie erwarten, dass er Sie künftig fragt, ehe er andere einlädt, um Ihre Ideen zu diskutieren. »Wenn du der Meinung bist, dass wir meinen Ansatz noch mit den Kollegen diskutieren sollten, dann hättest du es sagen können. Ich kann meine Mails selber schreiben.« Wenn Sie Sätze dieser Art ruhig, aber bestimmt sagen, wird Martin begreifen, dass Sie solche Übergriffe nicht akzeptieren.

Zudem sollten Sie zu Beginn der Besprechung klarstellen, dass es sich um Ihren Gedanken handelt, der Kollege etwas vorschnell war, man die Idee aber gemeinsam diskutieren könne, wo nun schon einmal alle beieinandersitzen. »Ich hatte gestern die Idee, die Daten der Kundenbefragung zusätzlich für eine Datenbank zu nutzen. Und Martin fand es offensichtlich sinnvoll, dass wir uns alle einmal kurz dazu treffen. Welche Art der Erfassung haltet ihr für sinnvoll?«, könnte ein möglicher Gesprächseinstieg sein. Dann wissen alle, worum es geht, und Sie haben die Fäden wieder in der Hand.

Umgekehrt sind mir nur wenige Beispiele bekannt, dass Frauen auf diese Weise mit Informationen von Männern umgehen würden. Informationen sind Macht. Wissen ist Macht. Frauen gehen mit dieser Macht oft sehr arglos um und teilen sie nur allzu bereitwillig mit nahezu jedem.

> Informationen sind Macht!
> Teilen Sie sie nicht selbstverständlich mit jedem. Und achten Sie darauf, dass niemand Ihre Ideen missbraucht!

KEINE ANGST VORM SCHWARZEN MANN

Frauen treten häufig mit einer idealisierten Vorstellung ins Berufsleben ein. In erster Linie kommt es ihnen darauf an, fachlich eine gute Leistung zu erbringen, und sie erwarten, für diese Leistung auch die entsprechende Anerkennung zu erhalten. Frauen sind, wie gesagt, erheblich aufgabenorientierter als Männer. Diese Erwartung entspringt dem weiblichen Kommunikationsmuster. Aber Sie können schuften wie ein Esel und finden doch niemals Anerkennung, wenn Sie auf Ihrer typisch weiblichen Sicht der Dinge beharren.

Eine Falle ist der Spruch: »Frauen müssen nur etwas besser sein als Männer, dann klappt es auch mit der Anerkennung und der Karriere.« Viele Frauen und viele Männer glauben daran. Ich auch. Aber Vorsicht! Die Falle besteht darin, dass Frauen und Männer unter »besser sein als« etwas komplett Unterschiedliches verstehen. Frauen verstehen darunter die bessere inhaltliche Leistung, Männer vor allem die Fähigkeit, sich besser durchzusetzen! Darum bleiben viele Frauen im mittleren Management »hängen«, auch wenn vorher alles glattlief. »Es setzt sich nicht durch, wer besser ist, sondern wer sich besser durchsetzt«, meint die Kommunikationstrainerin Cornelia Topf zu diesem Thema. Und sie hat recht.

Als Monika Harms neue Generalbundesanwältin wurde, bezeichnete die »Heute«-Redaktion des ZDF sie als »ausgewiesene Expertin mit Durchsetzungsvermögen«. Als Charlotte Knobloch Präsidentin des Zentralrats der Juden in Deutschland wurde, verkündeten die »Tagesthemen«, dass sie »durchsetzungsfähig und zielstrebig« sei. Offensichtlich ist diese Fähigkeit bei Frauen so ungewöhnlich, dass sie eigens erwähnt werden muss. Bei Männern wird sie als selbstverständlich vorausgesetzt.

> Wenn Sie Erfolg haben wollen, reicht es nicht, eine inhaltlich gute Leistung abzuliefern. Sie müssen sich auch gut durchsetzen!

Frauen neigen dazu, Kontroversen persönlich zu nehmen. Sie sollten aber versuchen, es sportlich zu sehen. Männer reagieren auf Attacken im Rangordnungsspiel selten mit persönlicher Betroffenheit. Sie fühlen sich nicht als Mensch verletzt. Und wenn sie unterliegen, dann waren sie in dieser Situation an diesem Tag eben nicht gut genug. Auf zur nächsten Runde! Pack schlägt sich, Pack verträgt sich. Männer können sich in der Regel prima zoffen und anschließend einen trinken gehen. Sie können sich sogar anerkennend auf die Schulter klopfen und zu dem gelungenen Schlagabtausch beglückwünschen.

Das ist für Frauen nicht so einfach nachvollziehbar, weil sie sich in der Regel viel stärker mit den Ergebnissen ihrer Arbeit identifizieren. Daher sind sie auch schneller persönlich betroffen, wenn die Inhalte ihrer Arbeit angegriffen werden. Doch nichts ist für Männer befremdlicher als Frauen, die sich emotional in Argumentationen verbeißen oder gar bei Kritik zu weinen anfangen. Ein GAU für die Karriere. Es ist also wichtig, zu unterscheiden, ob wirklich Sie und Ihre Leistung angegriffen werden oder ob es sich um eine Attacke auf Ihre Position im Rangordnungsspiel handelt. Versuchen Sie, sich während der Arbeit nur als Spielerin auf dem Feld zu verstehen. Persönliches sollten Sie auf den Feierabend verschieben.

> Nehmen Sie Attacken nicht zu persönlich.
> Es ist ein Spiel!

Falls Sie zu den eher ruhigeren und schüchterneren Vertreterinnen (oder Vertretern) gehören und sich jetzt fragen, ob auch Sie Ihr Verhalten ändern können – ja, Sie können es!

Das schönste Beispiel habe ich mit einer sehr intelligenten, aber eben auch sehr sanften Frau erlebt, die nicht befördert wurde, weil sie sich nach Meinung ihrer männlichen Chefs nicht angemessen durchsetzen konnte. Diese Frau sagte: »Ich bin zu gut, um daran zu scheitern. Ich will lernen, mich erfolgreich durchzusetzen.«

Und dafür waren nur zwei Dinge wichtig: erstens, dass sie sich klarmachte, dass es nicht dramatisch wäre, die derzeitige Anstellung zu verlieren, weil sie mit ihrer Ausbildung und ihrem Know-how jederzeit eine Arbeit finden würde, und zweitens, dass es ihr egal sein konnte und musste, ob man sie mochte. Sie begriff, dass sie nichts zu verlieren hatte und ohne jede Angst einfach tun konnte, was sie für richtig hielt. Weil sie eben gut war! Und weil ihr bisheriges, auf das Wohlwollen der anderen ausgerichtetes Verhalten bei den Vorgesetzten offensichtlich keine Anerkennung fand. Mit dieser Erkenntnis hat sie dann wie befreit gearbeitet und einen eigenen, ruhigen, aber sehr bestimmten Weg gefunden, sich durchzusetzen. Und bald darauf wurde sie befördert.

Vielleicht kennen Sie in diesem Zusammenhang den Ratschlag, sich das Gegenüber in Unterhose oder nackt vorzustellen. Welche Methode auch immer Sie bevorzugen: Das Entscheidende ist, dass Sie keine Angst haben, wenn Sie es mit Machtmenschen zu tun haben. Machtmenschen riechen Angst selbst gegen den Wind auf hundert Meter Entfernung. Und die meisten reagieren darauf nicht mit Mitleid und Schonung, sondern schlagen fast reflexartig zu.

 Zeigen Sie keine Angst!
Viele Machtmenschen reagieren darauf nicht mit Fürsorge, sondern schlagen erbarmungslos zu.

FRAUEN: KEINE KONKURRENZ FÜR MÄNNER

Das Rangordnungsspiel beinhaltet für Frauen einen weiteren höchst nachteiligen Aspekt: Es ist nicht nur ein fremdes Spiel, sondern meist auch ein Spiel unter Männern – um Frauen! Und in einem Spiel, in dem Frauen der Preis des Siegers sind, kommen sie logischerweise nicht als Mitspieler, also Konkurrenten, vor.

Für Stufe eins gilt daher: Wenn Sie als Frau neu in die Unternehmenswelt kommen, werden Sie zunächst überhaupt nicht als Konkurrenz wahrgenommen. Das wissen Hochschulabsolventinnen in der Regel leider nicht. Sie halten sich für gleichberechtigt und sind später erstaunt, dass es mit ihrer Karriere doch nicht so geklappt hat wie bei den männlichen Kommilitonen, die den schlechteren Abschluss hatten. Oftmals suchen Frauen den Fehler dann bei sich – in gewisser Weise zu Recht –, aber sie suchen an der falschen Stelle.

Im Gegensatz zum Studentenleben geht es im Berufsleben um Macht. Jetzt wird es ernst. Das bedeutet nicht, dass man Sie nicht freundlich grüßt und Ihnen bei Sitzungen nicht Kaffee und Gebäck reicht. Man gibt Ihnen vermutlich auch einen Haufen Arbeit. Aber ernst genommen werden Sie nicht. Sie kommen im Rangordnungsspiel nicht vor.

Stattdessen erfolgt als zweite Stufe immer ein sexueller Check. Wenn man (Mann) Sie wahrnimmt, dann als Frau und nicht als potenzielle Konkurrenz. Daher nützt es gar nichts, sich beispielsweise in Sack und Asche zu kleiden, um dieser Art von Musterung zu entgehen. Dann fällt lediglich der Check schlechter aus. Wenn Mann jetzt ein erotisches Spiel beginnt, können Sie natürlich mitspielen. Aber verwechseln Sie das nicht mit dem Rangordnungsspiel! Sie befinden sich erst in Phase zwei, und die hat mit dem eigentlichen Machtspiel noch nicht das Geringste zu tun.

Stufe drei: Wenn Sie das erotische Spiel verweigern, erzeugen Sie automatisch eins: Ablehnung. »Frigide Kuh«, »Zicke«, »Eisblock«. Das kommt Ihnen bekannt vor? Es wird Ihnen gegenüber zwar nicht laut geäußert, ist aber zu spüren? Viele Frauen kommen mit dieser Ablehnung nicht klar und lassen sich daher wieder auf das erotische Spiel ein. Sie begeben sich in eine Dauerschleife, in der sie durchaus Jahre zubringen können. Aber keine Sorge: Wenn Sie auf der Stufe der Ablehnung inhaltlich am Ball bleiben und weiter mit Ihren Inhalten um Ihre Position kämpfen, haben Sie es geschafft: den Eintritt in die Rangordnung.

Stufe vier: Jetzt werden Sie ernst genommen, jetzt sind Sie Konkurrenz. Das bedeutet nicht unbedingt, dass man Sie gernhat oder dass Sie besonders beliebt sind. Es bedeutet einfach nur, dass Sie mitspielen. Geht mit dem Eintritt in die Rangordnung auch eine Wertschätzung einher, findet oftmals so etwas wie eine Verkumpelung statt. Auf einmal erzählen Ihnen Männer beispielsweise ihre »Weibergeschichten«, die sie ansonsten nur Männern erzählen würden.

> Stufe 1: Sie werden nicht ernst genommen.
> Stufe 2: Der sexuelle Check.
> Stufe 3: Die Ablehnung.
> Stufe 4: Der Einstieg in das Rangordnungsspiel – Konkurrenz.

Wenn Sie also als Frau in ein Unternehmen kommen, geht es nicht darum, die Stufen eins, zwei und drei zu vermeiden – es kommt darauf an, ob und in welcher Zeit Sie Stufe vier schaffen.

Viele Frauen haben besonders große Probleme mit dem sexuellen Check der Phase zwei. Diejenigen, die sich diesem Spiel verweigern wollen, neigen leicht dazu, sich »asexuell« zu kleiden. Sie tragen Blazer, die eine Nummer zu groß und möglichst untailliert sind, schminken sich nur noch extrem dezent und binden ihr Haar streng zusammen. Alles mit dem Ziel, möglichst wenig Reize zu senden. Wenn das nicht die moderne Form der Verschleierung ist, was dann? Dabei zeigt sich immer wieder, dass diese Sackkostümierung nichts bringt, wenn sich unter dem Sack eine Frau verbirgt, die sich durch anzügliche Bemerkungen verunsichern lässt.

Der richtige Schritt – der Schritt zur Dame des Spiels – besteht darin, anzügliche Bemerkungen an sich abperlen zu lassen – huldvoll. Sie können sich attraktiv kleiden, Ihre Figur betonen und sich schön schminken – wenn Sie die unanfechtbare Ausstrahlung einer Dame haben, werden

Kollegen und Vorgesetzte schnell vorsichtiger mit ihren Bemerkungen. Zumindest in Ihrer Gegenwart.

Sollten Sie aggressiveren Angriffen ausgesetzt sein oder Mitspielern, deren stumpfe Sinne sich dem Feingeist der Dame verschließen, dann gilt, dass die Dame im Schach natürlich auch eine Kriegerin ist. Schlagen Sie also verbal zurück, und markieren Sie die Grenzen! Das gilt auch, wenn Männer versuchen, Sie verbal immer wieder in Stufe zwei zu schubsen. Typische Beispiele dafür sind Äußerungen wie »junge Frau«, »Schätzchen«, »Nun seien Sie mal nicht so zickig«, »Da hat wohl heute eine wieder ihre Tage« – Ausdrücke, die bemüht werden, wenn Sie sich nicht wie gewünscht verhalten und durch gute Argumente zur Konkurrenz zu werden drohen.

Auf »junge Frau« lässt sich gut mit »junger Mann« kontern, insbesondere, wenn es sich um einen Fünfzigjährigen handelt. Sollte Sie jemand in einer Konferenz als »Schätzchen« oder »Mausi« bezeichnen, können Sie vor allen anderen um ein Vier-Augen-Gespräch im Anschluss an die Konferenz bitten. Das zeigt in der Regel große Wirkung. Äußerungen wie »zickig« und »die Tage haben« sollten Sie gelassen an sich abprallen lassen.

Wenn Sie erst einmal eine Führungsfunktion haben, wird es mit der Anerkennung der Stufe vier natürlich leichter. Aber das Spiel beginnt jedes Mal von vorn, wenn Sie eine neue Ebene betreten oder in ein neues Umfeld kommen. Es geht dann stets aufs Neue darum, die Stufe vier durchzusetzen, also als ernst zu nehmende Mitstreiterin in der Rangordnung anerkannt zu werden. Das Beruhigende daran ist, dass Sie aufgrund von Übung und Erfahrung nur noch Sekunden oder Minuten dazu benötigen werden und sich anschließend lustvoll in den Rangordnungskampf stürzen können.

> Als Frau müssen Sie immer die drei Stufen bis zur Rangordnung überwinden. Das hat nichts mit Ihnen persönlich zu tun. Bleiben Sie gelassen, und nehmen Sie es sportlich!

»DU BIST DIE SCHÖNSTE IM GANZEN LAND«

Dass Frauen im Rangordnungsspiel zunächst nicht vorkommen, erklärt auch, warum viele von ihnen zu Beginn ihres Berufslebens den Eindruck haben, dass sie mit den Kollegen unkomplizierter zusammenarbeiten können als mit den Kolleginnen. »Also, ich muss ehrlich sagen, dass ich mit Männern im Job besser zurechtkomme. Da gibt es weniger Gehacke.« Diese Äußerung habe ich häufig gehört und halte sie für einen großen Irrtum, der nur damit zusammenhängt, dass Männer Frauen eben als ungefährliche Arbeitsbienen nett behandeln, während Frauen untereinander sofort in Konkurrenz treten. Und zwar sowohl in Bezug auf die Anerkennung ihrer Arbeit als auch in Bezug auf die Anerkennung als Frau.

Meine Erfahrung ist, dass man mit Frauen grundsätzlich hervorragend zusammenarbeiten kann – wie selbstverständlich auch mit den meisten Männern. Allerdings gibt es auch bei Frauen eine Regel, die man beachten sollte.

Wie bereits erwähnt, kommunizieren Frauen im Netzwerk. Dabei haben sie nicht das Bestreben, eine klare Rangordnung herzustellen. Aber es gibt eine Ausnahme: bei dem Wettstreit »Wer ist die Schönste im ganzen Land?« – sprich, beim Wettstreit um die männliche Gunst.

Wir alle wissen, wie gefährlich Frauen werden können, die um männliche Gunst konkurrieren. Schließlich hing für lange Zeit der gesellschaftliche Status und manchmal das Überleben davon ab. Wenn Sie also problemlos und konstruktiv mit anderen Frauen zusammenarbeiten wollen, müssen Sie sich im Beruf aus diesem Spiel heraushalten. Signalisieren Sie: »Du bist die Schönste hier!« Und nix mit »aber Schneewittchen« dahinter. Schon haben Sie in der Regel Frieden und können sich ihren Aufgaben zuwenden. Frauen können dann hervorragend miteinander arbeiten, da sie sich nicht erst mit Rangordnungsspielen aufhalten müssen.

Allerdings müssen Sie es mit dem »Du bist die Schönste hier« auch wirklich ernst meinen. Eine meiner Seminarteilnehmerinnen beschwerte sich einmal, sie habe diesen Trick ausprobiert, und er habe nicht funktioniert. Die andere Frau habe sie trotzdem während der ganzen Konferenz angegiftet. Auf meine Frage: »Haben Sie es denn wirklich ernst gemeint, als Sie ihr sagten, wie toll Sie ihr Kostüm fänden?«, erwiderte sie aus ganzem Herzen: »Natürlich nicht! Das Kostüm war unmöglich!«

So etwas hat keine Aussicht auf Erfolg. Unsere Körperhaltung, unsere Mimik, unsere Stimme verraten im Zweifel, was wir wirklich denken. Suchen Sie lieber nach einer wenn auch noch so kleinen Besonderheit, die Sie wirklich schön oder bemerkenswert finden.

INS ABSEITS GESTELLT

Können Sie einen Bereich leiten, ohne sich an Rangordnungskämpfen zu beteiligen? Ja, natürlich. In Ihrem Verantwortungsbereich sind Sie ja qua Position die Nummer eins. Und wenn diese Position nicht nur auf dem Papier, sondern auch innerhalb der Gruppe anerkannt ist, dann können Sie Ihren Bereich nach Ihren Vorstellungen leiten. Problematisch wird es nur, wenn Sie Ihre Interessen in Besprechungen oder Konferenzen bereichsübergreifend durchsetzen wollen oder Ihre Position aus den eigenen Reihen angegriffen wird. Dann gilt wieder: Selbst wenn Sie das Spiel ablehnen – die anderen spielen es mit Ihnen. Instinktiv! Und wenn Sie nicht mitspielen, dürfte es Ihnen erheblich schwerer fallen, Ihre Inhalte erfolgreich durchzusetzen.

Innerhalb Ihres Bereichs ist es wichtig, dass Sie tatsächlich als Nummer eins anerkannt sind und diese Position nicht nur auf dem Papier innehaben. In Verbänden oder Vereinen gibt es oftmals die Situation, dass Sie zwar für das offizielle Amt gewählt wurden – weil niemand anders scharf darauf war –, aber im Hintergrund inoffizielle Führer weiter ihre Strippen ziehen. Und das so manches Mal an Ihnen vorbei. Im Beruf kann diese Situation leicht entstehen, wenn Sie mit der Aufgabe betraut wurden, ein Team zu leiten, dessen Mitglieder Ihnen nicht disziplinarisch unterstellt sind.

So einige meiner Coachees hatten genau an dieser Stelle ein Problem: Sie waren formal die Nummer eins und verstanden nicht, warum das Team nicht so funktionierte, wie sie es sich vorstellten. Oft hat sich dann herausgestellt, dass sie in Gesprächen von Team-Mitgliedern unterbrochen wurden, es häufig Verspätungen gab, Arbeiten nicht pünktlich erledigt wurden etc. Und bei näherer Betrachtung stellten diese Coachees dann fest, dass sie faktisch nur die Nummer zwei oder gar Nummer drei im Team waren.

Dann haben Sie natürlich wirklich ein Problem, das Sie zügig lösen müssen, indem Sie in die Rangordnungskämpfe einsteigen und sich Ihre Position erobern. Innerhalb klarer Hierarchien ist es einfacher, da Ihre Position auch immer einen gewissen Schutz vor Angriffen aus dem Team bietet. Schließlich ist allen klar, dass Sie als Chefin Verhalten auch sanktionieren können.

> Formal die Nummer eins zu sein bedeutet nicht, auch die faktisch anerkannte Nummer eins zu sein. Viele Führungsprobleme lassen sich auf dieses Missverständnis zurückführen.

DIE WIRKUNG VON MACHTSYMBOLEN

Selbst wenn jemand noch nie etwas von Schach gehört hat, wird er richtig vermuten, welche Figuren die wichtigsten sind: König und Dame. Warum? Die Figuren sind am größten, zentral positioniert und: Sie tragen Kronen. Insignien.

Alles, was wir sehen, hören, riechen, schmecken und spüren, verknüpfen wir mit zusätzlichen Informationen aus unserer bisherigen Erfahrung. Wir können gar nicht anders, es passiert automatisch und ist uns größtenteils nicht einmal bewusst. Und da wir in einem sozialen Gefüge leben, verknüpfen wir Informationen über einen Menschen auch mit einer Einschätzung bezüglich seines Status.

Und jetzt stellen Sie sich bitte einen dicken schwarzen glänzenden 7er BMW vor, der schwer und leise durch die Straßen rollt. Wer sitzt hinterm Steuer? Vermutlich doch ein Mann. Und wer fährt den Golf, weil der sich so viel besser einparken lässt und die Wasserkisten hinten besser reinpassen? Eine Frau. Dabei spricht aus logischen Überlegungen im Stadtverkehr nun wirklich alles für ein kleines Auto mit zugleich großem Stauraum. Aber das ist der Aspekt »Inhalt vor Prestige«! In fast allen Haushalten mit zwei Autos fährt *er* das große, prestigeträchtige Auto und *sie* das kleinere, praktischere. Die Männer kämen gar nicht auf die Idee, dass es umgekehrt sein könnte. Und die Frauen meistens auch nicht. Und das liegt keinesfalls daran, dass sie angeblich schlechter einparken.

Frauen haben in der Regel kein ausgeprägtes Interesse an Statussymbolen der Macht. Die Ursache dafür ist vermutlich, dass Macht als Begriff für viele Frauen negativ besetzt ist, da sie sie selten für sich als Gestaltungsmittel erlebt haben. Erheblich häufiger wurden sie Opfer von Machtmissbrauch. Und selbst wenn eine Frau nicht persönlich gravierende negative Erfahrungen von Machtmissbrauch gemacht hat, gibt es ein kollektives Gedächtnis. Die Erzählungen von Großmüttern und Müttern, Berichte aus Frauenhäusern, Erfahrungen anderer Frauen, die unterdrückt und genötigt wurden oder werden.

Aber Macht existiert in jedem Winkel unseres Zusammenlebens. Im »Brockhaus« heißt es dazu: »Macht ist als Ausdruck sozialer Ungleichheit und unterschiedlicher Befugnisse (Asymmetrie) in den sozialen Beziehungen grundlegende Erscheinung des sozialen Lebens. Sie ist dadurch definiert, dass bestimmte Mitglieder aufgrund ihres Status in der Lage sind, Einfluss auf die Verhaltensweisen und Einstellungen anderer Mitglieder auszuüben und dadurch die Richtung sozialer Interaktion zu bestimmen.«

Der wohl bekanntesten Definition von Max Weber zufolge ist Macht »jede Chance, innerhalb einer sozialen Beziehung den eigenen Willen auch gegen Widerstreben durchzusetzen, gleichviel, worauf diese Chance beruht.« Diese Definition abstrahiert von den Quellen der Macht, sieht also von einer etwaigen Legitimation der Macht völlig ab.

Macht existiert. Ohne sie ist unser Zusammenleben nicht vorstellbar. Allein wie jemand seine Macht nutzt, kann negativ sein. Wenn Sie über Macht verfügen, können Sie diese dazu nutzen, Sinnvolles und Gutes zu erwirken. Ohne Macht wird Ihnen dies nicht gelingen.

Das Auto ist ein wichtiges Statussymbol in unserer Gesellschaft. Man kann darüber spotten und den Kopf schütteln. Dadurch verändert man aber nicht die Sicht der meisten Bewohner dieses Landes. Und aus ebendiesem Grund ist es für viele Männer so wichtig, ein großes, teures Auto zu fahren. Und für die meisten Frauen eben nicht. Sie ahnen es? Es geht schon wieder ums Rangordnungsspiel. Mein Auto, mein Haus, meine Jacht – alles zählt für die Rangordnung, und wenn Sie mit dem Golf in die Tiefgarage fahren, haben Sie das Garagenspiel schon mal verloren.

Wie stark Menschen auf äußerliche Signale reagieren, kennen Sie sicherlich auch vom Einkaufen. Wenn Sie mit schlampigen Joggingklamotten und fettigem Haar ein Geschäft betreten, in dem Sie ein teures Abendkleid kaufen wollen, stehen die Chancen gut, dass sich niemand vom Verkaufspersonal um Sie kümmert. Und wenn Sie dann gezielt jemanden ansprechen und um Hilfe bitten, wird diese vermutlich eher spärlich ausfallen. In einem Versuch hat man herausgefunden, dass, wenn gut gekleidete Menschen bei Rot eine Straße überqueren, die meisten Wartenden ebenfalls losgehen, während sie stehen bleiben, wenn es sich um weniger gut gekleidete Menschen handelt.

In hierarchisch organisierten Unternehmen gibt es Macht und Status qua Amt. Jede Organisation hat ihre eigenen Regeln und Statussymbole, die an den Rang gekoppelt sind. Je größer eine Organisation ist, desto präziser sind die Machtsymbole definiert. Alle Mitarbeiter wissen, welche Position welche Statussymbole mit sich bringt. Auch wenn heute immer mehr Menschen per E-Mail vieles selbst schreiben oder buchen, hat beispielsweise das Sekretariat neben seiner inhaltlichen Funktion auch Statuswert. In vielen Firmen ist der Umstand, ob man ein Sekretariat hat oder nicht, nicht an die Arbeitsbelastung geknüpft, sondern an die Hierarchiestufe. Ihr Schreibtisch kann vor Arbeit zusammenbrechen, während man vom Manager im Büro nebenan noch nicht einmal weiß, was er eigentlich den ganzen Tag macht. Aber vor seinem Zimmer befindet sich ein Sekretariat, das sich den ganzen Tag gemeinsam mit ihm langweilt.

Quadratmeter pro Person werden ebenfalls der Position zugeordnet, weil auch Raum immer Macht bedeutet. Daher wird auch in der Größe der Büros unterschieden. Größe und Wertigkeit des Schreibtisches sind ebenfalls an den Rang gekoppelt. Für die Frage, ob und wo Sie auf dem Gelände parken dürfen, ist keinesfalls relevant, ob Sie eine gestresste Mutter sind, die vor der Arbeit noch schnell ihr Kind in den Kindergarten bringen muss und anschließend gehetzt zur Arbeit rast, sondern ob Ihrer Position in der Firma ein Parkplatz direkt vor dem Eingang oder in der Tiefgarage zusteht. Es interessiert niemanden, dass Sie morgens auch noch zwanzig Minuten einen Parkplatz suchen müssen, während Ihr Chef ganz entspannt auf seinem Platz vor der Eingangstür geparkt hat.

Wenn Sie also befördert werden und Ihnen somit vier Quadratmeter und eine Topfpflanze mehr zustehen, ist es sinnvoll, diese auch in Anspruch zu nehmen. Wenn Sie stattdessen sagen: »Nein, nein. Wozu Möbel rücken? Das kostet doch nur Geld. Ich sitze in meiner kleinen Ecke doch ganz prima und bequem und bin auch viel näher an den Mitarbeitern dran«, kann es Ihnen passieren, dass Sie falsch eingeschätzt werden. Kollegen und Vorgesetzte werten die Information, wie viel Quadratmeter jemand um sich hat, automatisch innerhalb der Skala. Und wenn Ihr Kollege eine deutlich größere Ecke hat, könnte dies dazu führen, dass Mitarbeiter ihn für wichtiger halten, ihm mehr Macht zusprechen als Ihnen. Wenn Sie auf Statussymbole verzichten, die in Ihrem Unternehmen verliehen werden, erschweren Sie sich im Zweifel das Leben. Und es ist ein wesentlicher Unterschied, ob man mit Statussymbolen protzt oder sie einfach selbstverständlich nutzt.

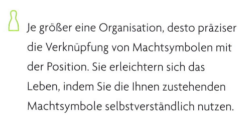

Je größer eine Organisation, desto präziser die Verknüpfung von Machtsymbolen mit der Position. Sie erleichtern sich das Leben, indem Sie die Ihnen zustehenden Machtsymbole selbstverständlich nutzen.

Dabei ist es wichtig, darauf zu achten, was für Ihre Position als angemessen angesehen wird. Böse Fallen lauern beispielsweise beim Thema Auto. Selbst wenn Sie in der Lage sein sollten, sich ein teureres Auto als Ihr Chef leisten zu können – Vorsicht! Sie können sich unter Umständen viel Ärger einhandeln.

BEKLEIDUNGSREGELN

Haben Sie sich schon einmal gefragt, warum es im Berufsleben keine eindeutigen Bekleidungsrichtlinien für Frauen gibt? Bei Männern ist alles klar geregelt. In fast allen Branchen gibt es den Anzug-Krawatte-Codex. Und in allen traditionellen Branchen gilt in Deutschland nach wie vor, dass »Mann« Grau oder Blau mit einem weißen Hemd zu tragen hat und der Schlips nicht zu auffallend gemustert sein sollte. Nun können Männer zum Beispiel in der Modebranche auch mal eine etwas gewagtere Kombination wählen, aber grundsätzlich gilt: Je höher die Führungsebene, desto rigider werden die Erwartungen an die angemessene Kleidung in Form von rahmengenähten Schuhen, Manschettenknöpfen und maßgeschneiderten Anzügen.

Ich sprach unlängst mit einer Personalverantwortlichen eines Medienunternehmens über dieses Thema. »Also, bei uns geht es viel lässiger und legerer zu. Das hat aber sicherlich auch viel mit unserer Branche zu tun«, war ihr Kommentar. Auf das Kantinenpublikum traf diese Bemerkung auch zu. Als ich aber fragte, wie denn das Topmanagement gekleidet sei, antwortete sie: »Dort werden selbstverständlich dunkle Anzüge getragen.« – Kleidung erfüllt eben auch die Funktion eines Statussymbols. Sie repräsentiert Ihr Unternehmen und Ihre Funktion und wird entsprechend kritisch und streng begutachtet und bewertet. Und das nicht nur von Ihren Vorgesetzten, sondern auch von Kollegen. In der Regel erhalten Sie mehr Respekt, wenn Sie elegant gekleidet sind; oder in einigen jüngeren Branchen extrem cool.

Wie streng innerhalb des männlichen Systems die Kleiderordnung gehandhabt wird, können Sie vor allem an dem geradezu absurden Krawattenzwang erkennen. Schließlich kann man ohne Schlips genauso gut arbeiten wie mit, und man sieht auch nicht schlechter oder ungepflegter aus. Aber der Dresscode geht so weit, dass, wenn der Vorstand für eine Sitzung »zwanglose« Kleidung angewiesen hat (was in sich ja schon ein lustiger Widerspruch ist) und jemand es vergessen hat und mit Schlips erscheint, er den gleichen Unmut auf sich zieht, als wenn er zu einer normalen Sitzung ohne Krawatte erschienen wäre.

Warum also gibt es diese klaren Regeln für Frauen nicht? Ganz einfach: weil sie im männlichen Rangordnungssystem bis vor Kurzem noch überhaupt keine Rolle gespielt haben. Die Kleiderordnung für Bankangestellte am Schalter ist zum Beispiel etwas anderes. Diese Positionen haben mit der Macht im Unternehmen nichts zu tun, ihre Bekleidungsregeln sind eher mit der Uniformierung von Flugbegleitern oder Krankenschwestern zu vergleichen. In Bezug auf Führungsfunktionen haben Frauen bislang eine so unbedeutende Rolle gespielt, dass einfach noch keine klaren Regeln entwickelt werden konnten.

Allmählich beginnt sich jetzt auch für Frauen eine Bekleidungslinie durchzusetzen. Dabei dominiert der Hosenanzug, dessen Form entsprechend des gestiegenen weiblichen Selbstbewusstseins immer figurbetonter wird.

> Mit Ihrer Kleidung repräsentieren Sie Ihre Funktion und Ihr Unternehmen!
> Auch für Frauen gelten strenge Bekleidungsregeln, wenn sie im Rangordnungsspiel ernst genommen werden wollen.

Grundsätzlich gilt für die meisten Branchen, dass Ihre Kleidung sowie Ihr gesamtes Äußeres gepflegt sein sollte. Hosenanzug mit Bluse ist immer eine gute Wahl, wobei die Farben des Anzugs eher gedeckt sein sollten. Wenn Sie wollen, können Sie markante Akzente setzen. Einige Frauen tragen interessante Schuhe oder ein besonders auffälliges, schönes Schmuckstück.

Um aus der Riege der dunklen Anzüge hervorzustechen, kann es ebenfalls sinnvoll sein, bewusst auf leuchtende Farben bei Blazer oder Bluse zu setzen. Je höher Ihre Position, desto eher haben solche Extravaganzen Markencharakter. Widerstehen Sie der Versuchung, sich an »schlechten« Tagen gemütlich zu kleiden, indem Sie den Kuschelpullover oder eine weiche Strickjacke anziehen. Gegen hohe Absätze ist nichts einzuwenden, solange Sie sicher darauf laufen können. Im Gegenteil: Schließlich machen hohe Hacken eine gute Figur.

Wenn Sie über eine machtvolle Mimik, Stimmführung und Gestik verfügen, wird auch ein Kostüm nicht von Nachteil sein. Der beste Beweis dafür ist Condoleezza Rice, die auch auf hohen Absätzen und im Rock mit ihren Blicken jeden zum Schweigen bringen kann. Und wenn Sie in einer jungen, »coolen« Branche arbeiten, muss Ihre Kleidung eben das richtige, im Augenblick angesagte Label tragen.

Wichtig ist, die Wirkung Ihrer Kleidung nicht zu unterschätzen. Daher lassen Sie sich lieber von Profis auf diesem Gebiet beraten, wenn Sie selbst unsicher sind.

DAS BESTE FÜR DIE BESTEN

Zeichen der Macht sind überall um uns herum: in Bemerkungen, an der Manschette, auf dem Schreibtisch, oder sie melden sich am Telefon, um zu verbinden. Sie können als Erkennungszeichen unter Gleichen gelten – denken Sie an die kleinen Anstecknadeln diverser gehobener Clubs.

Dürfen Sie als Geschäftsführerin mit dem Rad zur Firma fahren? Schließlich wohnen Sie nicht weit weg und genießen die frische Luft, und große Autos fanden Sie schon immer völlig überflüssig. – Selbstverständlich. Vor allem in einem kleinen Unternehmen, in dem Sie eine feste Position haben, wird dies eher angenehm auffallen und möglicherweise auch die Mitarbeitenden zu mehr Bewegung an der frischen Luft anspornen. Wenn allerdings in einer etwas größeren Firma die vier anderen Geschäftsführer ihre großen Wagen direkt am Firmeneingang parken, während Sie Ihr Rad hinter dem Gebäude abstellen, könnte es schon etwas schwieriger werden. Dann wird man Ihnen vermutlich »sachliche« Diskussionen aufzwingen, die mit einem großen Wagen vor der Firma nie entstanden wären, da Ihre Kollegen Sie womöglich nicht ernst nehmen und deswegen angreifen.

Vielleicht hilft Ihnen die Sichtweise vieler Männer. Sie kommen gar nicht auf die Idee, sich zu fragen, worin bezüglich ihrer teuren Uhr oder des teuren Wagens überhaupt ein Problem bestehen könnte. Schließlich handelt es sich einfach um das Beste auf dem jeweiligen Gebiet. Und es ist doch nur natürlich, dass, wenn sie selbst in ihrem Job gut sind, das Uhrwerk an ihrem Handgelenk ebenfalls gut ist, die Boxen der Stereoanlage zu den besten gehören, das Appartement in der besten Lage liegt, das Fahrwerk des Wagens berühmt ist, der Designer ihres Anzugs zu den angesagtesten gehört. Gleiches zu Gleichem. Mit Protzen hat das aus ihrer Sicht nicht das Geringste zu tun.

> Männer sehen in Statussymbolen gern den angemessenen Anspruch auf das Beste für die Besten.

VISIONEN HELFEN

Die Dame des Spiels macht lange Züge – und zwar in alle Richtungen. Dazu muss sie eine klare Vorstellung davon haben, wie es dort, wo sie hinwill, mit ihr aussehen soll, eine »Vision«.

Wer ein konkretes Bild von etwas hat, das er erreichen möchte, erhöht die Wahrscheinlichkeit, dass dieses Bild auch Realität wird. Ich möchte ein Beispiel anführen, in dem sich eine Vision um ein einziges Statussymbol rankt: eine Wohnung mit Meerblick und Kamin. Falls Sie mit dem Bild nichts anfangen können, ersetzen Sie es durch ein Statussymbol Ihrer Wahl.

Schon als fünfzehnjähriges Mädchen hatte die betreffende Frau eine ganz klare Vorstellung: Mit spätestens dreißig wollte sie genau so eine Wohnung haben. Und zwar nicht vom Munde abgespart, sondern locker bezahlt. Sie sah sich darin frühstücken mit dem Blick aufs Meer und hörte in ihrer Vorstellung das Knistern des Kaminfeuers, wenn sie abends noch ein Buch las. Sie hatte eine sinnliche Vorstellung von dieser Wohnung, mit der sie ein ganzes Lebensgefühl verband.

Darüber hinaus wollte sie, wie viele in diesem Alter, dazu beitragen, die Welt zu verbessern. Sie war politisch aktiv und unter anderem verantwortlich für die Schülerzeitung. Mit neunzehn hatte sie einen Studienplatz für Journalistik und bereits eine Wohnung in der Stadt der Uni – bis sie einen Journalisten kennenlernte, der ihr erklärte, wie der Arbeitsalltag eines Journalisten aussieht, wie Redaktionen arbeiten, und von ihm erfuhr, was ein Journalist in etwa verdient.

Nach diesem Gespräch griff sie zum Rechner und stellte fest, dass sie gar nicht so viel würde schreiben können, um nur annähernd auf ihr »Wohnung-mit-Meerblick-und-Kamin-Gehalt« zu kommen. Sie kündigte Wohnung und Studienplatz und beschloss, es in einer finanziell aussichtsreicheren Branche zu versuchen. Mit achtundzwanzig hatte sie ihre Wohnung in einem wunderschönen Ort am Meer. Falls Sie die Branche wissen wollen – IT. Das Beispiel stammt aus den achtziger Jahren. Und ihren Idealismus hat diese Frau bis heute behalten.

Nicht immer beeinflussen uns unsere inneren Bilder so bewusst wie in diesem Beispiel. Viel entscheidender ist, dass sie uns unbewusst begleiten und uns bei der Vielzahl der täglich zu treffenden Entscheidungen eine Orientierungshilfe bieten. Dank solcher Bilder können wir Chancen erheblich besser erkennen.

Sollten Sie schon einmal schwanger gewesen sein oder sich gewünscht oder befürchtet haben, schwanger zu sein, kennen Sie bestimmt den Effekt, dass es auf einmal jede

Menge schwangere Frauen gibt, wo vorher scheinbar noch keine waren. Das hängt damit zusammen, dass das Bild jetzt auf einen Resonanzboden trifft. Unser Unterbewusstsein hat Schwangerschaft gestern als für uns unerheblich bewertet und die Information daher nicht weitergeleitet. Nun wird dieselbe Information anders bewertet und ans Bewusstsein transportiert.

Genauso verhält es sich auch mit den täglichen Informationen und unserer Vision. Eine Information, ein Angebot kann immer nur günstig im Hinblick auf ein Ziel sein – in diesem Fall unser Bild. »Es gibt nur für den einen günstigen Wind, der ein Ziel hat«, sagte schon Seneca.

Visionen helfen uns zudem, motiviert zu sein. Wenn Sie beispielsweise ein Bild davon haben, wie Sie mit dreißig in die spannendsten Städte der Welt reisen, um mit interessanten Menschen anderer Kulturen Geschäfte zu machen, und dafür auch noch sehr gut bezahlt werden, stehen Sie mit fünfundzwanzig gelassener vorm Kopierer, denn Sie sind ja unterwegs zu diesem Bild. Und dass auf dem Weg dahin nun gerade tausend Kopien zu machen sind, ist zwar nicht erfreulich, aber auch nichts, woran man gleich verzweifeln müsste.

Ein Motivationstrainer hat es mal folgendermaßen beschrieben: »Jemand, der in einem kleinen Motorboot bei eisiger Kälte im sturmgepeitschten Meer unterwegs ist, um Robben vor Schlächtern zu retten, ist beseelt unterwegs, weil er einen Sinn in seinem Handeln sieht.« Wenn wir eine intensive und schöne Vorstellung von unserem Ziel haben, können wir auch leichter mal große Strapazen auf uns nehmen. Jeder Sportler kennt das.

> Wenn Sie ein einfaches, schönes und sinnliches Bild als Vision Ihrer Zukunft haben, erhöhen Sie die Chancen, dass diese Vision Wirklichkeit wird.

Eine Trainingsteilnehmerin hatte als Mädchen immer fasziniert den Berichten eines Onkels gelauscht, der spannende Geschichten von seiner Arbeit als Arzt in fernen Ländern erzählte. Natürlich waren diese Geschichten gespickt mit aufregenden Abenteuern und exotischen Genüssen. Und noch bevor sie zehn Jahre alt war, hatte diese Frau ein prächtiges Bild von sich als Ärztin in fremden Ländern in ihrer Vorstellung. Auch wenn ihr auf dem Weg dahin klar wurde, dass mit der Arbeit wenig Pracht, dafür aber sehr viel Elend und persönliche Einsatzbereitschaft verbunden sein würden – das Bild war so stark, dass sie tatsächlich Medizin studierte und sich heute im Ausland engagiert. Und auch wenn die Arbeitsbedingungen schwierig sind – immer wieder erlebt sie Momente, die sich genau so anfühlen wie ihre Vision.

VOM FLEISSIGEN LIESCHEN ZUR ERFOLGREICHEN LISA

Im beruflichen Kontext gilt es, Ihre Zielstrebigkeit sichtbar zu machen. Ob im Vorstellungsgespräch, Personalgespräch, Gehaltsgespräch – wo auch immer. »Bescheidenheit ist eine Zier, doch weiter kommt man ohne ihr«, wusste schon Wilhelm Busch. Zumindest in diesem Zusammenhang. Wenn Sie deutlich machen, dass Sie ehrgeizig und dazu bereit sind, Verantwortung zu übernehmen, wird man Sie anders wahrnehmen. Man wird Sie zwar auch mehr fordern, aber das haben Sie ja so gewollt. Sie laufen jedoch nicht Gefahr, dass Sie im stillen Kämmerlein einen hervorragenden Job machen, Sie aber niemand für eine eventuelle Beförderung in Betracht zieht.

> Machen Sie früh und immer wieder deutlich, dass Sie bereit sind, Verantwortung zu übernehmen!

Frauen neigen viel eher als Männer dazu, Aufgaben zu übernehmen, die erledigt werden müssen, aber kein Prestige haben. Männer hingegen haben einen ausgesucht guten Instinkt für prestigeträchtige Arbeit und dafür, andere Aufgaben zu vermeiden. Margaret Thatcher soll in diesem Zusammenhang geäußert haben: »Wenn du willst, dass etwas erledigt wird, sag es einer Frau. Wenn du willst, dass über etwas geredet wird, sag es einem Mann.«

Wenn nun also Ihr Chef eine Aufgabe zu vergeben hat, die zwar wichtig, aber lästig und wenig geeignet ist, sich durch sie zu profilieren, dann sehen Sie zu, dass es nicht gerade Sie trifft. Bleiben Sie hart, auch wenn der Chef verzweifelt. Und wenn es gar nicht anders geht, bestehen Sie zumindest darauf, dass die Arbeit untereinander aufgeteilt wird. Falls das nicht möglich sein sollte, verweigern Sie sich unter allen Umständen mit dem Hinweis auf andere dringliche und wichtige Aufgaben.

Wenn Sie sehen wollen, wie das geht, beobachten Sie Ihre männlichen Kollegen: Wahre Meisterschaften im Hervorzaubern pressierender, unverzichtbarer Arbeiten werden von Männern ausgetragen, um prestigelosen Aufgaben aus dem Weg zu gehen.

Wenn sich Schröder beim letzten Mal einen Job dieser Art eingefangen hat, können Sie der Fairness halber beim nächsten Mal auch so eine Arbeit annehmen. Wenn Sie aber beim ersten Mal gleich sagen: »Na gut, ich mache es, aber nächstes Mal ist jemand anderer dran«, laufen Sie Gefahr, dass Ihnen dieses Verhalten als Schwäche ausgelegt wird und man Ihnen künftig immer Aufträge dieser Art aufs Auge zu drücken versucht. Es bedarf keiner übermäßigen

Fantasie bei Ihren Ausreden – Hauptsache, Sie können Ihren Joker flugs beim Namen nennen.

Im Gegensatz dazu sollten Sie prestigeträchtige Aufgaben unbedingt annehmen, auch wenn Ihr Schreibtisch gerade zusammenzubrechen droht. Wenn Sie beispielsweise auf einer großen Konferenz reden sollen, bei der für Ihr Gebiet wichtige Menschen anwesend sind, kann so ein Vortrag Sie mit einem Schlag weit über die Grenzen Ihres Bereichs bekannt machen. Und wenn wir davon ausgehen, dass Sie Ihre Sache gut machen, kann das für Ihre weitere Entwicklung viel entscheidender sein, als wenn Sie jahrelang im Verborgenen exzellente Ergebnisse erzielen. Und schließlich ist die Dame ja auch für genau diese Aufgaben da! Für das Kleinklein gibt es schließlich die Bauern.

Wichtig ist, zu verstehen, dass es für Fleiß im Machtspiel keine Anerkennung gibt. Das »fleißige Lieschen« ist immer weiblich. Schon in der Schule werden Jungen mit guten Noten als »aufgeweckt und intelligent« eingeschätzt, während Mädchen mit denselben Eigenschaften als »ordentlich und fleißig« charakterisiert werden. Von Jungs oder Männern würde niemand behaupten, sie seien fleißig; bei ihnen ist von hoher Einsatzbereitschaft oder harter Arbeit die Rede. Das sind schon eher die Adjektive der Mächtigen. Achten Sie auf diese Feinheiten.

Nutzen Sie Prestigeaufgaben, vermeiden Sie Fleißaufgaben!

Zu Ihrer Stellung als Schachdame gehört es ebenfalls, Aufgaben zu delegieren. Schließlich steht mit Ihnen eine Reihe anderer Figuren auf dem Brett. Wenn Sie in der Lage sein wollen, lange Züge zu machen, müssen Sie Aufgaben delegieren, um die entscheidenden Züge auch wirklich durchführen zu können. Dabei ist mit schöner Regelmäßigkeit zu beobachten, dass Frauen in Führungspositionen eher Gefahr laufen, dass Mitarbeiter versuchen, Arbeiten zurückzudelegieren, und sie die Rückdelegation darüber hinaus auch noch annehmen.

Vorsicht, Falle! Ein ehemaliger Vorgesetzter von mir prägte dafür ein anschauliches Bild: »Die zu erledigende Arbeit ist wie ein Affe auf der Schulter. Der sitzt da, und man will ihn weghaben. Fast alle Mitarbeiter kommen mit einem Affen auf der Schulter in dieses Büro, den sie bei mir abladen wollen. Meine Aufgabe besteht darin, dass sie ihn wieder mitnehmen – und dass ich ihnen meinen Affen gleich mit dazu auflade!«

Achten Sie auf diese Affen, und sorgen Sie dafür, dass Ihre Mitarbeiter gar nicht erst auf die Idee kommen, die ihnen übertragenen Aufgaben an Sie zurückzudelegieren. Wenn jemand, der seine Arbeit an Sie abschieben wollte, einmal erlebt hat, dass er mit der doppelten Menge wieder aus Ihrem Büro herausmarschiert, dann wird er sich beim nächsten Mal gründlich überlegen, ob er es nicht doch allein schafft.

> Lassen Sie keine Rückdelegation zu.
> Schaffen Sie sich einen funktionsfähigen Unterbau!

SIE SIND ES WERT – IHR GEHALT

Wieso verdienen Frauen eigentlich immer noch deutlich weniger als Männer? Im Jahr 2006 verdienten Frauen laut statistischem Bundesamt 20 Prozent weniger als Männer. Und einer Studie von »Monster Worldwide« zufolge sind die Gehaltsunterschiede größer, je höher die betrachtete Hierarchie-Ebene ist. Das *Handelsblatt* berichtete im Januar 2007: »Frauen schlechter zu bezahlen lohnt sich«, da eine Untersuchung von Wirtschaftswissenschaftlern aus Erlangen gezeigt habe, dass Männer eher als Frauen ein Unternehmen verlassen, wenn sie mit ihrem Gehalt nicht zufrieden sind. Daher sei die ungleiche Bezahlung nicht diskriminierend, sondern betriebswirtschaftlich sinnvoll, da gewinnmaximierend.

Und das soll doch nicht so bleiben! Seien Sie bei Ihren Gehaltsverhandlungen also selbstbewusst. Wenn Sie der Meinung sind, dass Sie mehr verdienen müssten, dann führen Sie diese Gespräche vor der eigentlichen Gehaltsrunde. Auf diese Weise hat Ihre Vorgesetzte oder Ihr Vorgesetzter mehr Zeit, sich darauf einzustellen und gegebenenfalls noch das Budget zu erhöhen. Wenn es erst einmal festgelegt ist, wird es erheblich schwieriger. Und denken Sie daran: Vorgesetzte sind auch nur Menschen. Wenn Sie den Eindruck vermitteln, dass Sie mit Ihrem Gehalt eigentlich ganz zufrieden sind, während Schröder schon zweimal sehr deutlich gemacht hat, dass er selbstverständlich von einer Gehaltserhöhung ausgeht, wer wird diese bei begrenzten Ressourcen wohl erhalten?

Versuchen Sie herauszufinden, wo Sie innerhalb des Gehaltsgefüges stehen. Auch wenn in den meisten Unternehmen das Verbot gilt, über das Gehalt zu reden, ein paar Informationen gibt es meistens. Und auch im Internet oder in Wirtschaftsmagazinen können Sie Anregungen finden. Begründen Sie Ihren Anspruch auf mehr Gehalt sachlich und selbstbewusst, und denken Sie auch daran, dass es Prämien, Rentenversorgung, Dienstwagen, Wohnungszuschüsse, Übernahme der Telefonkosten, also eine Vielzahl von Verdienstmöglichkeiten gibt. Dabei werden natürlich nicht alle für Sie infrage kommen.

Die Wirtschaftswissenschaftlerin Sonja Bischoff hat in Untersuchungen etwas zutiefst Deprimierendes herausgefunden: »Mit höheren Frauenanteilen in Führungspositionen von Unternehmen sinken die Einkommen im Führungskräftebereich, und zwar auch die der Männer.« Daraus leitet sie ab: »Männer sollten darauf achten, möglichst nicht zu viele weibliche Mitarbeiter zu haben! Männer, die sich überwiegend mit weiblichen Mitarbeitern umgeben, verdienen tendenziell weniger als Männer mit überwiegend männlichen Mitarbeitern und weniger als solche Kollegen, die gleich viele weibliche und männliche Mitarbeiter beschäftigen.«

Jede von Ihnen hat die Chance, daran etwas zu ändern. Also, ran an den Speck!

> Verhandeln Sie Ihr Gehalt
> beizeiten und selbstbewusst!

Achten Sie darauf, dass Sie im Vergleich zu Ihren Kollegen nicht dieselbe Arbeit mit weniger Mitarbeitenden schaffen. Die Anzahl der Mitarbeiter ist ein wichtiger Machtfaktor, der sich zudem auf Ihr Gehalt auswirkt. Es gilt die Regel: Je mehr Mitarbeiter, desto höher das Gehalt. Da sich männliche Chefs an dieser Regel orientieren, neigen viele Bereiche im Laufe der Jahre zu personeller Überfettung. Unternehmungsberatungen leben davon, mit hoch bezahlten Diäten Abhilfe zu schaffen.

Die Selbstverständlichkeit, mit der Frauen schlechter bezahlt werden als Männer, ist gesellschaftlich tief verankert. Auch untereinander erwarten Frauen oftmals, dass man einen günstigeren Preis macht oder gar umsonst arbeitet. Diese sonderbaren Auswüchse entstammen einem Weltbild, in dem weibliche Arbeit zwar geschätzt wird, aber eben auch nichts wert ist. Derartige Ansprüche stellen sich aber einer angemessenen Vergütung entgegen, die sich am leistungsbezogenen Marktstandard orientieren muss. Und der wird eben überwiegend von Männern bestimmt. Daran und damit muss sich jede Frau messen. Dann wird sie vernünftig entlohnt und kann es sich leisten, für Projekte, die ihr am Herzen liegen, auch mal umsonst tätig zu werden.

Viele Frauen können wie Löwinnen für die Rechte anderer kämpfen, aber wenn es um sie selbst geht, fällt es ihnen schwer. »Sei freundlich und bescheiden, dann kann dich jeder leiden.« In fast jedem Poesiealbum steht ein Spruch dieser Art. Selbst wenn Jungs Poesiealben hätten: Keine Tante und kein Onkel käme je auf die Idee, ihnen diesen Satz als Lebenshilfe mit auf den Weg zu geben – weil er sie nur behindern würde. Und dasselbe gilt auch für Mädchen. Derartige Ratschläge entsprechen einer Erwartungshaltung: Mädchen werden belohnt, wenn sie bescheiden auftreten. Aber das gilt nicht für Frauen im Berufsleben! Also, treten Sie selbstbewusst wie die Dame des Spiels für Ihre eigenen Interessen ein. Niemand sonst wird es für Sie tun.

Und wenn sich für Sie eine günstige Gelegenheit bietet, dann machen Sie auch lange Züge! Sprich: Wenn Ihnen ein guter Job angeboten wird, überlegen Sie nicht, ob Sie für diese Aufgabe schon genug können! Sie werden nie alles können, was eine neue Aufgabe oder eine neue Hierarchie-Ebene mit sich bringt. Und während Sie noch überlegen, ob Sie wohl gut genug für diesen verantwortungsvollen Posten sind, hat Schröder bereits strahlend zugesagt. Manchmal hilft auch die Frage: »Wer von meinen Kollegen könnte es denn besser als ich?«, um sich guten Gewissens zu einer Entscheidung durchzuringen.

> Ergreifen Sie gute Chancen, ohne zu zögern! Im Zweifel lernen Sie alles Erforderliche auf Ihrer neuen Position.

Und falls Sie unlängst einen derartigen Schritt gewagt haben und abends schon mal verzweifelt oder heulend auf dem Sofa sitzen, weil Sie nicht mehr wissen, wo Ihnen der Kopf steht: Diese Phase geht vorüber! Wie sagt Dorie in »Findet Nemo« so schön: »Einfach schwimmen, einfach schwimmen, einfach schwimmen, schwimmen, schwimmen ...« Irgendwann kommt wieder Land in Sicht. Und ich kenne keine Frau in verantwortungsvoller Position, die nicht schon einmal heulend auf dem Sofa gesessen hätte. Wichtig ist nur, dass man nicht in der Firma heult.

DIE BAR UND DER SPORT – EIN ERFOLGSREZEPT

Man sollte meinen, dass das Thema Kontakte für Frauen ein Selbstläufer ist. Aber weit gefehlt! Frauen kennen zwar oftmals viele Menschen, aber andere gezielt um einen geschäftlichen Gefallen zu bitten, lehnen sie eher ab. Dabei lassen sie außer Acht, dass meist nicht die Dame allein das Spiel entscheidet, sondern die Konstellation auf dem Spielfeld. Wirkungsvolle Züge finden immer in Kombination mit anderen Figuren statt. Wenn Sie effizient sein wollen, müssen Sie Allianzen bilden! Eine Kunst, die viele Männer ausgesprochen gut beherrschen. Sie verbringen viel Zeit damit, ihre geschäftlichen Beziehungen zu pflegen und diese auch für ihre Zwecke einzusetzen.

Künstler wissen an dieser Stelle vielleicht am besten, wovon die Rede ist, da sie, um von ihrer Arbeit leben zu können, über eine Menge Kontakte verfügen müssen. Andy Warhol verdankt seiner Vorliebe für Partys angeblich seine Karriere.

Wir alle wissen, dass sich Dinge leichter regeln lassen, wenn man den anderen kennt. Trotzdem verspüren gerade Frauen häufig eine regelrechte Abneigung dagegen, Beziehungen für sich zu nutzen. Sie wollen für ihre »Leistung« anerkannt werden. Aber meine Damen: Die Gelegenheit, eine großartige Leistung zu zeigen, haben Sie doch trotzdem!

Männer sind sich überhaupt nicht zu schade, alle Varianten informeller Kontakte zu nutzen. Glauben Sie denn, dass der Betriebssport nur der körperlichen Ertüchtigung dient? Es wird gemeinsam geackert, geschwitzt, geduscht – und anschließend noch ein Bier getrunken. Und wenn man später mal auf einen Gefallen angewiesen ist, wird man diesen vom Sportskollegen vermutlich einfacher erhalten als von jemandem, den man immer nur auf der Treppe grüßt. Es hat also einen Grund, warum Männer beim Betriebssport überwiegend Ballspiele mit anschließendem Bier wählen, während Frauen Yoga oder Rückengymnastik bevorzugen und danach gleich nach Hause gehen.

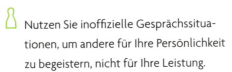 Nutzen Sie inoffizielle Gesprächssituationen, um andere für Ihre Persönlichkeit zu begeistern, nicht für Ihre Leistung.

Warum golfen denn so viele? Klar, es ist ein äußerst gesunder Sport an der frischen Luft. Aber für viele ist es schlicht eine gute Gelegenheit, in entspannter Atmosphäre am »neunzehnten Loch« geschäftliche Kontakte zu knüpfen und zu nutzen.

Bei den guten alten Männerclubs verhält es sich ähnlich. Natürlich gibt es Herren, die wirklich gern Whisky trinken und Zigarre rauchen. Aber viel entscheidender ist doch, dass man sich unter »seinesgleichen« trifft und über Geschäfte reden kann.

Wie unterschiedlich reagieren Frauen und Männer beispielsweise in folgender Situation: Die Geschäftsführung lädt alle leitenden Angestellten zu einem zweitägigen Workshop ein, um die künftige Vertriebsstrategie zu erarbeiten. Ort ist das Hotel Y mit Übernachtung. Frauen stellen sich anhand dieser Einladung auf zwei Tage Gruppenarbeit ein. Einige stöhnen sofort, weil sie den ganzen Abend mit den Kollegen verbringen müssen.

Am ersten Tag arbeiten alle intensiv in ihren jeweiligen Gruppen an Ideen für das Unternehmen. Um 19 Uhr ist Schluss, und man begibt sich gemeinsam zum Abendessen – und anschließend an die Bar. In kleinen Gruppen wird geredet und getrunken, um 22 Uhr verabschiedet sich die erste weibliche Führungskraft, um 23 Uhr die letzte. Die Männer sind noch alle da.

Am zweiten Tag erscheinen die Frauen frisch und ausgeruht am Frühstückstisch, die eine oder andere war sogar schon joggen. Die männlichen Kollegen stoßen langsam dazu, sehen aber eher angeschlagen aus. Einige sind noch regelrecht von Alkohol umweht. Die Sitzung beginnt, und die Männer hängen müde in ihren Stühlen, während die Frauen bemüht sind, zumindest noch ein paar gute Ideen zu entwickeln. Am Abend fahren alle nach Hause, und die Frauen sind empört über das aus ihrer Sicht unprofessionelle Verhalten ihrer männlichen Kollegen.

Während die Frauen der Meinung sind, dass die Arbeitsergebnisse am zweiten Tag erheblich besser gewesen wären, wenn ihre männlichen Kollegen nicht so über die Stränge geschlagen hätten, fahren die Männer äußerst zufrieden nach Hause. Sie haben bis morgens um vier mit dem Vorgesetzten getrunken und ihm dabei ein paar wichtige Anliegen nähergebracht. Sie konnten ihn erfolgreich davon überzeugen, dass für ihren Bereich bestimmte Regeln nicht zu gelten haben und wie wichtig das Projekt XY für das Unternehmen ist. Der zweite Arbeitstag interessiert sie herzlich wenig, da sie das aus ihrer Sicht Wichtigste ja nachts an der Bar geregelt haben. Und schließlich hat der Geschäftsführer ganz schön mitgefeiert – und so etwas verbindet.

Gemeinsames Trinken an der Bar – ein Ereignis, das offenbar extrem unterschiedlich bewertet wird. Und wiederum Vorsicht: Es gelten die Spielregeln der männlichen Kommunikation! Nun kann man Frauen schlecht raten, sich bis morgens zu betrinken, denn es macht natürlich keinen guten Eindruck, wenn die Dame des Spiels betrunken vom Barhocker fällt. Aber die Gespräche am Abend nach der eigentlichen Veranstaltung sind oftmals wichtiger als die Veranstaltung an sich. Kongresse leben davon! Es geht weniger um die Vorträge als darum, dazuzugehören und Kontakte zu knüpfen und zu pflegen.

Wenn Ihnen also eine Arbeitstagung mit Übernachtung bevorsteht, dann denken Sie daran, dass der erste Tag keinesfalls um 19 Uhr endet. Beteiligen Sie sich am Abend, auch wenn Sie kein Fan von Alkohol sind. Sie können ja auch mit einem Glas Wasser in der Hand unterhaltsam sein. Oder einfach jede zweite Runde auslassen. Das wird man Ihnen verzeihen. Einige Frauen schließen auch Deals mit dem Barpersonal, das ihnen dann unauffällig alkoholfreie Getränke bringt, wenn mal wieder jemand eine Runde Schnaps ausgibt.

 Nutzen Sie das gesellschaftliche Miteinander nach der Arbeit, um persönliche Bindungen aufzubauen. Sie sind oft wichtiger als die reine Leistung.

Und wenn die Gelegenheit wirklich günstig erscheint, dann platzieren Sie Ihre geschäftlichen Themen. Es muss ja nicht immer eine lange, tiefschürfende Diskussion sein. Manchmal genügt auch eine wie beiläufig hingeworfene Bemerkung, um Ihr Gegenüber auf den richtigen Gedanken zu bringen.

Und seien Sie vor allem eins nicht: langweilig. Gute Erziehung und tadelloses Benehmen sind etwas sehr Schönes, aber auch »höhere Töchter« haben einst schon gelernt, dass eine vergnügliche Unterhaltung zum guten Ton gehört. Wenn Sie also an einem Geschäftsessen teilnehmen, dann gestalten Sie es so, dass Ihre Gäste Freude daran haben. Und bedenken Sie, dass sich die wenigsten unter einem Aperitif ein Glas Wasser vorstellen. Ein alter Chef von mir sagte einmal vor einem Geschäftsessen: »Es ist eigentlich fast egal, was Sie tun, um unterhaltsam zu sein. Aber tun Sie was!« Man kann sich schließlich nicht vorstellen, dass die Dame des Spiels den ganzen Abend lang stumm vor ihrem Wasserglas hockt.

Sollten Sie feststellen, dass Ihre Kollegen gern mal einen trinken gehen und dabei immer »vergessen«, auch Sie zu fragen, dann gehen Sie von sich aus auf sie zu. Laden Sie sich ein, und gesellen Sie sich dazu. Auch wenn die Stimmung zunächst vielleicht ein wenig merkwürdig ist und Sie mit der einen oder anderen zotigen Bemerkung ausgetestet werden – bleiben Sie dabei, und lassen Sie sich nicht jeden schmutzigen Witz gefallen.

Es geschieht mit schöner Regelmäßigkeit, dass Männer ab einem gewissen Zeitpunkt sexistische Witze von sich geben. Wenn Sie Ihre Verärgerung oder Betroffenheit äußern, gelten Sie in der Regel als zickig oder verklemmt. Aber Sie müssen auch nicht über diese Witze lachen aus Sorge, ansonsten zur Zielscheibe von Gespött zu werden. Einige Frauen kontern mit ebenfalls derben Witzen, aber das liegt nicht jedem. Am einfachsten ist auch in diesem Fall wieder, die Rolle der Dame einzunehmen und die Sprüche huldvoll und ein wenig herablassend an sich abperlen zu lassen – und durch Mimik und Körperhaltung ruhig deutlich zu zeigen, was Sie von dieser Art Humor halten. Normalerweise werden Witze dieser Art dann wieder unterlassen. Wenn Sie locker und nicht zu verkrampft sind, werden Sie bald wie selbstverständlich dazugehören und auf diese Weise wichtige Informationen erhalten oder elegant Sitzungen vorbereiten können.

Den meisten Frauen widerstrebt in diesem Zusammenhang die Vorstellung, sich den ganzen Abend über Fußball oder Autos unterhalten zu müssen. Aber ganz drum herum kommen Sie als weibliche Minderheit in der Regel nicht. Und als Frau können Sie hervorragend punkten, wenn Sie an der einen oder anderen Stelle kurz Fachwissen aufblitzen lassen!

 ALLIANZEN

Allianzen sind auch von entscheidender Bedeutung, wenn es darum geht, Ihre Ideen oder Projekte im eigenen Unternehmen umzusetzen. Je mehr Abteilungen daran beteiligt sind, desto wichtiger. Wenn mehrere Abteilungen einem Projekt zustimmen müssen, kann man in einem Großunternehmen schon mal verzweifeln. Wenn die Idee auch noch so gut ist, manchmal stößt man auf geradezu haarsträubende Argumente des Widerstands. Dahinter verbirgt sich oft genug nichts anderes als reine Interessenpolitik. Warum sollte der Verkaufsleiter ein ernsthaftes Interesse an einem Marketingprojekt haben, wenn dabei nichts für ihn herausspringt und kein Glanz auf ihn abfällt?

Das geschätzte »Win-Win-Prinzip« des Harvard-Konzepts lässt sich im Allgemeinen leicht auf »Und was springt für mich dabei heraus?« reduzieren. Wenn Sie also auf unverständliche Widerstände oder Verhaltensweisen stoßen, versuchen Sie, die Motivation Ihres Gegenspielers zu erkennen. Überlegen Sie, welchen Nutzen er sich von seinem Blockadeverhalten erhoffen könnte. Wenn Sie seine eigentlichen Ziele kennen, können Sie ihn besser in Ihre Argumentation einbinden. Vielleicht lässt sich Ihr Projekt ja so gestalten, dass auch er einen Nutzen davon haben kann. Oder aber Sie finden eine Schwäche, mit der Sie ihn unter Druck setzen können. Bei Sitzungen, auf denen ein für Sie wichtiger Beschluss getroffen werden soll, kommt es also vor allem darauf an, wie gut Sie ihn im Vorwege vorbereitet haben; ob es Ihnen gelungen ist, die erforderliche Stimmenmehrheit zu sichern, wobei natürlich auch in diesem Fall gilt: keine Regel ohne Ausnahme. Es kann immer wieder Sitzungen geben, auf denen Sie ohne Stimmenmehrheit im Vorwege so überzeugend argumentieren, dass Ihre Idee trotz vorheriger Ablehnung oder Gleichgültigkeit den Zuschlag erhält. Genauso gut kann es Ihnen aber auch passieren, dass Sie damit rechnen, die Mehrheit klar im Sack zu haben, und jemand anders überraschend mit starken Argumenten aufwartet, und Sie »verlieren«.

Entscheidend ist auch, ob die richtigen Leute mit am Tisch sitzen: Gerade auf der unteren oder mittleren Management-Ebene finden häufig Treffen statt, auf denen Beschlüsse mit kurzer Halbwertzeit getroffen werden. Oft passiert Folgendes: Eine beschlussfähige Runde kommt zusammen und beschließt »A«. Einem inoffiziellen Führer, der nicht dabei war, gefällt der Beschluss nicht, da er »B« bevorzugt. Er greift deshalb zum Telefon und redet mit der nächsthöheren Ebene oder ein, zwei Kollegen, und schon wird aus »A« »B«. Ohne Sitzung.

Wenn Ihnen dies nicht nur ein- oder zweimal begegnet ist, kommen Sie nicht umhin, entweder die Position dieses inoffiziellen Führers nachhaltig zu schwächen oder aber sich künftig im Vorwege mit ihm abzustimmen, gemäß der alten Regel: Wen du nicht besiegen kannst, den umarme.

> Wichtige Beschlüsse müssen im Vorwege mit den Meinungsführern geklärt werden.
> Mächtige Gegner Ihrer Position müssen Sie in Ihre Argumentation mit einbinden.

Der Gedanke »Und was springt für mich dabei heraus?« beinhaltet übrigens nicht nur den verlockenden Aspekt der Besitzstandsmehrung, sondern darüber hinaus, dass die Person im Sinne der Rangordnung anerkannt wird. Gefälligkeiten zahlen also auf zwei Positionen ein und sind daher so beliebt.

DER EINSATZ WEIBLICHER REIZE

Sollte Sie bis jetzt der Eindruck beschlichen haben, Sie müssten künftig auf den offensiven Einsatz Ihrer weiblichen Reize verzichten – mitnichten. Es gibt Situationen, in denen sie sich hervorragend für den Erfolg einsetzen lassen: bei Verhandlungen. Die erfolgreichste Pokerspielerin der Welt, Annie Duke, brachte es auf den Punkt: »Lass sie glauben, du hättest den größten Spaß seit Jahren mit ihnen am Spieltisch. Die Kerle werden nicht dein Geld wollen. Sie wollen dich für ein Rendezvous.«

Eine wirklich gute Verhandlung hat immer etwas von einem Flirt. Daher ist in diesem Zusammenhang auch jedes Mittel recht. Weibliche Verhandlungsprofis überlegen im Vorwege sehr genau, welche Garderobe, welches Make-up und welche Frisur sie für ihren Verhandlungspartner wählen. Dabei gilt auch hier die Empfehlung, vor allem authentisch aufzutreten. Wenn Sie eher schüchtern wirken, wird man Ihnen den Vamp-Look sowieso nicht abnehmen. Spielen Sie in der Verhandlung also ruhig mit Ihrem schüchternen Image. Auf viele wirkt das sehr vertrauensbildend und weckt den Beschützerinstinkt. Klimpern Sie unschuldig mit den Augen, und lassen Sie ruhig zu, dass Ihr Gegenüber Sie kolossal unterschätzt. Umso leichter werden Sie Ihr Verhandlungsziel erreichen oder sogar übertreffen.

Wenn Sie eher der Vamp-Typ sind, praktizieren Sie den Einsatz Ihrer Reize mit Sicherheit bereits äußerst erfolgreich. Bei so manchem Outfit ahnt man schon, dass der Verhandlungspartner keine Chance hat. Nicht umsonst gehen immer mehr Vertriebsbereiche dazu über, den Außendienst mit Frauen zu besetzen. Der Erfolg spricht einfach für sich.

Egal, ob Sie eher Reh, Kumpel oder Vamp sind: Das Entscheidende bei einer Verhandlung ist, dass es dabei ausschließlich um den Verhandlungserfolg geht. Hier können Sie durchaus Weibchen sein, Hauptsache, Sie kommen an Ihr Ziel. Wenn Sie mit dem Verhandlungsergebnis in der Tasche zurück ins Unternehmen kommen, heißt es aber wieder: Achtung, Rangordnung! Dann sollten Sie sofort wieder zur Dame werden, die mit Pokerface ihre Verhandlungserfolge einsetzt und im Sinne ihrer Positionierung nutzt. Andernfalls wird derselbe Wimpernaufschlag, der in der Verhandlung noch zum Erfolg geführt hat, zum Eigentor, da man Sie wieder nicht ernst nimmt.

> Außerhalb des Rangordnungsspiels können Sie mit all Ihren weiblichen Reizen punkten, zum Beispiel in Verhandlungen.

Das Gleiche gilt für das »Uschi-Prinzip«, das Meike Rensch-Bergner in einem Buch beschrieben hat. Hier das aus meiner Sicht Wichtigste anhand eines Beispiels außerhalb Ihrer Arbeitswelt zusammengefasst, da Sie das Uschi-Prinzip an Ihrem Arbeitsplatz eher nicht anwenden sollten.

Wenn Sie beispielsweise ein Amt betreten, dann reduzieren Sie bewusst drastisch Ihren IQ, und setzen Sie einen unschuldigen, leicht dümmlichen Blick auf. Wenn Sie dann zu Ihrem zuständigen Sachbearbeiter gerufen werden, lenken Sie das Gespräch durch naive Fragen, und bitten Sie immer um Hilfe. Am besten ist, Sie lassen sich alle erforderlichen Formulare von Ihrem Retter ausfüllen. Auf diese Weise sparen Sie viel Zeit und Nerven. Und wenn Sie dann mit perfekt ausgefüllten Formularen und der Gewissheit, dass sich der Sachbearbeiter persönlich um den einen noch offenen Punkt kümmern wird, das Gebäude wieder verlassen, können Sie Ihr Gehirn wieder einschalten und kurz nachrechnen, wie viel Zeit und Geld Sie mit dieser Methode gespart haben.

Auch in diesem Fall ist es egal, dass jemand Sie unterschätzt. Wichtig ist nur das Ergebnis. Daher eignet sich das Uschi-Prinzip hervorragend für Behördengänge. Aber auch Tankstellen sind Schauplätze, an denen man immer wieder Frauen beobachten kann, die das Prinzip erfolgreich anwenden.

> Wenn nur das Ergebnis und nicht die Rangordnung zählt, kann auch das Uschi-Prinzip zum Erfolg führen.

DIE BELIEBTHEITSFALLE

Nicht geliebt zu werden, empfinden Frauen meist als Höchststrafe. Immer wieder hört man von weiblichen Führungskräften, die daran gescheitert sind, dass sie es jedem recht machen wollten, in der Hoffnung, dann bei allen beliebt zu sein. Männer haben damit im Beruf eher selten ein Problem. Auch das lässt sich wieder auf die unterschiedlichen Bedürfnisse und die damit verbundene Form der Kommunikation zurückführen.

Aber: Die Dame hat im Job in allererster Linie ihrer Funktion gerecht zu werden! Dazu kann mitunter auch gehören, sich durch unbequeme Entscheidungen zumindest zeitweise unbeliebt zu machen; oder durch unbequeme Diskussionsbeiträge bei Kollegen oder Vorgesetzten anzuecken. Die meisten Frauen wurden in ihrer Kindheit belohnt, wenn sie brav, folgsam und fleißig waren. Aber: Vom Fleiß einmal abgesehen sind diese Verhaltensweisen im Beruf nicht hilfreich. Und auch daraus sollten Sie, wie bereits erwähnt, lieber einen »hohen Einsatz für die Firma« machen.

Sie sollten sich in Ruhe überlegen, welches Bild die Menschen in Ihrem beruflichen Umfeld von Ihnen haben sollen, und dabei nie den Gedanken an die Dame als Königin des Spiels außer Acht lassen. Passen Charakterisierungen wie »sehr nett« und »hilfsbereit« zu diesem Bild? Doch wohl eher nicht. Oder stellen Sie sich vor, man würde Angela Merkel als »sehr nett« und »hilfsbereit« beschreiben. Wollen Sie so jemanden als Kanzlerin? Kompetenz und Durchsetzungsstärke sind wohl eher Eigenschaften, die man von einer Kanzlerin erwartet.

Falls erforderlich, sollten Sie Ihr Verhalten entsprechend verändern und sich im »Spiel« neu positionieren. Sie werden sehen: Ein Imagewechsel ist erheblich leichter, als Sie vielleicht vermuten. Die Menschen um Sie herum werden schnell auf Ihr verändertes Verhalten reagieren. Und Sie werden bald merken, ob Sie Ihre Ziele leichter erreichen oder nicht. Und wenn Sie mit Ihrem neuen Stil dazu beitragen, dass Ihr Umfeld immer präzise weiß, wo es langgeht und woran es ist, werden Sie vielleicht nicht geliebt, sind aber vermutlich als Chefin anerkannt und geschätzt.

> Im Beruf ist es wichtig,
> respektiert zu werden – nicht geliebt.

KLIPP UND KLAR

Äußern Sie deutlich, was Sie möchten. Und zwar ganz selbstverständlich, freundlich und direkt. Frauen neigen dazu, in Andeutungen zu sprechen oder indirekt zu formulieren, um Abweisungen zu vermeiden. Dadurch haben sie die Möglichkeit, sich der jeweiligen Reaktion ihres Kommunikationspartners anzupassen. Frauen untereinander verstehen die Botschaft auch anhand der indirekten Formulierung, Männer aber in der Regel nicht. Typisch weibliche Kommunikationsbeispiele sind: »Man sollte«, »Wir könnten vielleicht überlegen, ob«, »Jemand müsste«.

Oder aber Frauen vertrauen auf das »Appellohr« des anderen, wie es der Kommunikationswissenschaftler Friedemann Schulz von Thun bezeichnet hat. Das Problem ist allerdings, dass Männer fast ausschließlich auf das »Sachohr« und klare Anweisungen reagieren.

Nehmen Sie zum Beispiel die Aussage einer Frau, die mit ihrem Mann im Wohnzimmer sitzt: »Mir ist kalt.« Hört er mit dem Sachohr, dann hört er: »Ihr ist kalt, aha.« Hört er mit dem Appellohr, dann hört er: »Schließ bitte das Fenster«, oder vielleicht: »Hol mir bitte eine Jacke.« Hört er mit dem Selbstoffenbahrungsohr, so hört er: »Ich fühle mich einsam«, oder: »Ich würde gern kuscheln.« Hört er mit dem Beziehungsohr, könnte er hören: »Du kümmerst dich nicht ausreichend um mich.« Die Chancen stehen hoch, dass er einfach sitzen bleibt und sie deswegen wütend wird. Wenn sie schlicht sagen würde: »Würdest du bitte das Fenster schließen!«, und zwar als Aussage und nicht als Frage, wäre für alle Beteiligten das Leben leichter. Ihr wäre nicht mehr kalt, und ihr Mann würde sich freuen, dass er ihr einen Gefallen tun konnte.

Und genauso funktioniert es auch im Beruf. Wenn Sie beispielsweise die Unterlagen eines Mitarbeiters durchgehen und eine grafische Darstellung misslungen finden, sagen Sie nicht: »Man könnte noch mal darüber nachdenken, ob sich die Aussage grafisch auch anders darstellen lässt.« Wenn Sie diesen Satz an einen Mann richten, passiert womöglich gar nichts. Schließlich haben Sie weder gesagt, dass er noch einmal nachdenken soll, noch, dass Sie von ihm einen neuen, besseren Vorschlag erwarten. Wenn Sie wollen, dass etwas passiert, dann sagen Sie ruhig und freundlich: »Die Aussage müssen Sie grafisch klarer darstellen. Ich erwarte bis morgen Abend eine neue Ausarbeitung von Ihnen.«

Diese Variante ist für beide Seiten erheblich befriedigender, da der Mitarbeiter weiß, was von ihm erwartet wird, und Sie das gewünschte Ergebnis erhalten. Wenn Sie den Satz »Man könnte noch einmal darüber nachdenken, ob sich die Aussage grafisch auch anders darstellen lässt« an eine ehrgeizige Frau richten, wird sie von sich aus mit mindestens drei neuen Varianten aufwarten. Daher ist der indirekte Stil bei Frauen in der Regel unproblematisch. Dennoch sollten Sie sich angewöhnen, stets klar zu formulieren, was Sie wann, wie und von wem erwarten. Tun Sie dies immer in Form von freundlichen, aber bestimmten Anweisungen. Die Stimme sollte dabei von oben nach unten gehen, der Kopf ruhig bleiben, und – es wird nicht gelächelt! Wenn Sie sicher sind, dass Ihre Anweisung verstanden wurde, dann können Sie wieder lächeln.

Beobachten Sie Journalistinnen und Journalisten, wenn diese ihre Fragen an Politiker richten. Ein Beispiel: Mit ein paar Sätzen wird ein Szenario beschrieben, und dann kommt folgende Frage: »Wie kann sich die Politik auf die geänderten Rahmenbedingungen einstellen?« Versuchen Sie sich bitte mit geschlossenen Augen vorzustellen, wie die Stimme klingt, vor allem die Stimm-Melodie. Es klingt nicht wie eine Frage, sondern wie eine Aussage! Der Satz wird sehr souverän vorgetragen, und die Stimme geht am Ende nach unten. Das vermittelt Kompetenz. Es ist der typische journalistische Fragestil.

Tauschen Sie in Gedanken bei Fragen das Fragezeichen gegen ein Ausrufungszeichen aus, und üben Sie für sich diese Art der Stimmführung anhand verschiedener Sätze, zum Beispiel: »Würden Sie bitte bis Mittwoch das Protokoll schreiben!«, oder: »Sollte der Vertrieb nicht ebenfalls an dem Meeting teilnehmen!«

Vielen Frauen fällt es schwer, den Kopf wirklich ruhig zu halten und freundlich zu bleiben, wenn sie mit der Stimme nach unten statt nach oben gehen sollen. Sie retten sich in den Trainings erst einmal in einen aggressiven Ton. Aber es geht ja gerade darum, sich souverän und gelassen durchzusetzen. Sollten Sie Kinder haben, üben Sie die Stimmführung an Ihrem Nachwuchs. Sie werden feststellen, dass auch Kinder viel eher mit dem gewünschten Ergebnis reagieren.

> Äußern Sie Ihre Anweisungen knapp, klar und freundlich, und gehen Sie dabei mit der Stimme nach unten!

 **WEIBLICHE STÄRKEN**

Die eigentlichen Stärken der Dame sind ihre ureigenen Fähigkeiten: Zuhörenkönnen, Zusammenhänge erkennen und herstellen, hohe Sachorientierung, zumeist großes Engagement für die Sache gepaart mit dem Ehrgeiz, exzellente Ergebnisse zu erzielen, prozessorientierte Teamführung, Motivierung von Mitarbeitern durch Zugeständnis eines großen Entscheidungsspielraums und aktive Förderung ihrer Entwicklung, außerordentliche sprachliche Begabung. Rechnen können die meisten Frauen übrigens ebenfalls sehr gut. Zudem können sie viele unterschiedliche Prozesse gleichzeitig im Auge behalten und beherrschen. Kunden fühlen sich im Umgang mit Frauen meist wohl, da diese ihnen besser zuhören, gezielter auf ihre Bedürfnisse eingehen und die Zusammenarbeit eher partnerschaftlich und langfristig sehen.

Sollten Sie sich in dieser Beschreibung wiederfinden – wunderbar! Denn diese Fähigkeiten werden nach wie vor die Basis für Ihren Erfolg bleiben. Und diese Kompetenzen sollten Sie auch selbstbewusst in Ihrem Beruf nutzen, selbst wenn Männer sie nicht unbedingt wertzuschätzen wissen. In einer Studie der German Consulting Group vertraten im Jahr 2005 94 Prozent der befragten männlichen Führungskräfte die Auffassung, dass »weibliche Talente« im Topmanagement keinerlei Mehrwert darstellen. Die entscheidenden Eigenschaften seien typisch »männlich«. – Diese Männer irren. Es werden allerdings viele Frauen an der Spitze von Unternehmen notwendig sein, um das zu belegen.

Und lassen Sie sich nicht von den allgemeinen, auf Männer zugeschnittenen Führungstrainings irritieren, bei denen Dinge geschult werden, die Männern Schwierigkeiten bereiten, wie zum Beispiel »aktives Zuhören«. Die meisten Frauen können es in der Regel besser als jeder Trainer. Ferner ist Vorsicht geboten, wenn ein männlicher Führungskräftetrainer mehr Empathie fordert. Männer reden in diesem Zusammenhang über etwas, das ihnen ähnlich fremd ist wie uns die Rangordnung und mangelnde Selbstkritik. Da Sie vermutlich ohnehin empathischer arbeiten als Ihre männlichen Kollegen, sollten Sie eine solche Aufforderung eher nicht auf sich beziehen.

Wirklich kritisch wird es, wenn Sie darin geschult werden, andere nicht zu unterbrechen und ausreden zu lassen. Die meisten Frauen haben, wie bereits erwähnt, eher das umgekehrte Problem: Wenn sie unterbrochen werden, sind sie so höflich und hören dem Störer zu. Also Vorsicht!

Nutzen Sie Ihre ganz eigenen Stärken immer mit dem Wissen, dass männliche Vorgesetzte Sie vermutlich weder erkennen noch wertschätzen, dass sie aber maßgeblich zum Erfolg beitragen werden. Und wie Sie Ihre erzielten Erfolge dann sichtbar machen und sich vergüten lassen, wissen Sie ja jetzt als Dame des Spiels. Gegebenenfalls müssen Sie Ihrem Vorgesetzten die Vorzüge Ihrer »soften« weiblichen Stärken im Hinblick auf den Unternehmenserfolg durch den Einsatz männlicher Kommunikationsmittel klarmachen.

Das Ergebnis der German-Consulting-Group-Studie verdeutlicht vor allem eins: Da das männliche System das herrschende ist, fühlen sich eben die Männer in Führung darin in aller Regel pudelwohl und haben nicht den geringsten persönlichen Anlass, daran etwas zu ändern.

Frauen müssen also selbst aktiv werden. Es nützt nichts, auf vermeintliche Einsicht zu hoffen. Hilfreich ist allerdings, dass in immer mehr Branchen exzellente Experten und Führungspersönlichkeiten knapp werden oder es bereits sind. Daher bemühen sich immer mehr Unternehmen um das Potenzial der Frauen.

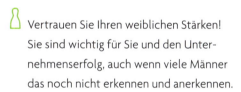

Vertrauen Sie Ihren weiblichen Stärken! Sie sind wichtig für Sie und den Unternehmenserfolg, auch wenn viele Männer das noch nicht erkennen und anerkennen.

Es würde sich in den Unternehmen allerdings auch nichts ändern, wenn einfach mehr Frauen in die Auswahl der Führungskräfte eingebunden würden. Im Personalbereich vieler Firmen sitzen bereits überproportional viele Frauen, die Führungskräfte aber in der Regel nach tradierten Vorstellungen auswählen. Wenn Unternehmen mehr Frauen in Führung bringen wollen, müssen sie die Auswahlkriterien für Führungskräfte kritisch überarbeiten. Sie müssen prüfen, welche Kriterien sich nur als vordergründig wichtig für den Führungserfolg erweisen und welche bei genauerem Hinsehen wirklich relevant für den Unternehmenserfolg sind. Für die Pflege wichtiger, langfristiger Kundenbeziehungen kann die »weibliche Methode«, nicht immer recht haben zu müssen und genau ergründen zu wollen, was dem Kunden wirklich hilft, unter Umständen erheblich günstiger sein als zum Beispiel, dem Kunden ständig beweisen zu wollen, dass man besser ist als er.

DER MENTOR ALS LIFT

Die Erfahrung zeigt, dass Sie noch so gut sein können – fast immer brauchen Sie einen Mentor, damit es mit der Karriere klappt. Und zwar einen Mentor aus Überzeugung und Leidenschaft und nicht aus irgendeinem Mentoringprogramm. Diese Programme sind zwar äußerst hilfreich, um Anregungen und Informationen von Ranghöheren einer Organisation zu erhalten, oder sie bieten Austausch mit anderen Branchen. Manchmal geht es auch nur um das Gefühl, unterstützt zu werden und einen Ansprechpartner für die eigenen Fragen zu haben. Aber förderlich für die Karriere sind diese Programme höchstens indirekt, indem zum Beispiel ein Controller immer wieder darauf hinweist, dass die vereinbarte Beförderungsquote aus dem Mentoringprogramm noch nicht erzielt wurde.

Wirklich gefördert werden Sie in aller Regel nur von mächtigen Männern (oder den wenigen mächtigen Frauen), die Ihre Leistung für ihren eigenen Ruhm und die Organisation zu schätzen wissen und für die Sie aufgrund des Altersunterschiedes oder anderer Faktoren keine Gefahr darstellen. Einen solchen Mentor zu finden ist Gold wert. Zum einen können Sie von erfahrenen, erfolgreichen Menschen sehr viel lernen, und zum anderen hat deren Wort innerhalb der Organisation großes Gewicht. Schließlich stehen sie weit oben in der Rangordnung, und ihre Meinung hat großen Einfluss auf die Entscheidungen der anderen Verantwortlichen. Durch einen mächtigen Mentor können Sie schnelle, große Sprünge in Ihrer Entwicklung machen.

Die Voraussetzung ist, dass auch Sie für den Mentor von Interesse sind; dass Ihre Leistung seine Position verbessert, so dass es sich für ihn lohnt, Sie zu stärken. Manchmal kommen auch wohlwollende Gefühle hinzu in der Art »Sie erinnern mich an mich, als ich ein junger Mann war«. In diesem Fall werden natürlich wiederum eher junge Männer bevorzugt, aber der »Tochterfaktor« ist ebenfalls nicht zu unterschätzen.

Versuchen Sie also bei Ihrer Arbeit, den Nutzen für den (vielleicht noch potenziellen) Mentor stets mit im Auge zu haben. Mentoring hilft übrigens nicht nur innerhalb eines Unternehmens – auch innerhalb einer Branche gibt es die »wichtigen Leute«, an deren Meinung sich viele orientieren.

> Um einen potenziellen Mentor für sich zu gewinnen, ist es wichtig, dass Ihre Leistung auch zu seinem Vorteil ist.

CHECKLISTE DER HINDERLICHEN SÄTZE

Prüfen Sie einmal für sich selbst, ob Sie den einen oder anderen der folgenden Sätze als »innere Stimme« kennen:

- ☐ *Das ist nicht perfekt, das geht noch besser.*
- ☐ *Es gehört sich nicht, sich in den Vordergrund zu drängen.*
- ☐ *Leistung hat nur mit mir und nicht mit Wettbewerb zu tun.*
- ☐ *Im Wettbewerb muss man sich fair verhalten.*
- ☐ *Gute Leistung wird anerkannt und belohnt.*
- ☐ *Macht ist etwas Negatives.*
- ☐ *Wichtig ist vor allem, was ich sage.*
- ☐ *Mir ist wichtig, dass mein Gegenüber mich mag.*
- ☐ *Wenn ich andere kontrolliere, kränke ich sie.*
- ☐ *Wenn ich meinem Gegenüber klar meine Meinung sage, kränke ich ihn.*
- ☐ *Das Ergebnis der Arbeit ist wichtiger, als gute Kontakte zu haben.*

Sollten Sie einen oder mehrere dieser Sätze als »innere Stimme« kennen, laufen Sie Gefahr, sich zu blockieren.

Das ist nicht perfekt, das geht noch besser.
Oder: Die Perfektionsfalle
Halten Sie sich an eine alte Managementregel, die besagt: 105 Prozent fordern, und wenn 80 Prozent erreicht sind: Go! Es gibt nur wenige Situationen, in denen die letzten paar Prozentpunkte Sie wirklich voranbringen, denn der Gesamtauftritt zählt.

Folgendes kann Ihnen passieren, wenn Sie alles perfekt machen möchten: Während Sie noch spätabends an den letzten Details für die Präsentation feilen, haben sich die Kollegen mit ihrem Ergebnis längst begnügt und sind gemeinsam in der Kneipe einen trinken. Am nächsten Tag haben sie eine abgestimmte Strategie, in der Sie nicht vorkommen. Und während die Kollegen ihre Ergebnisse sehr selbstbewusst verkaufen, konzentrieren Sie sich vor allem auf die Punkte, die noch besser hätten sein können. Mit dem Ergebnis, dass Ihr Chef oder Kunde die Präsentation der männlichen Kollegen als sehr gut wahrnimmt und von Ihnen im Gedächtnis bleibt, dass es noch besser hätte sein können. Dabei hatten Sie 95 Prozent und Ihre Kollegen nur 90.

Frauen neigen dazu, die eigene Leistung viel zu schlecht darzustellen. Konzentrieren Sie sich bei Präsentationen auf das, was gut ist, und nicht auf das, was Ihrer Meinung nach noch fehlt. Seien Sie also auf der fachlichen Ebene nicht zu kritisch mit sich, und denken Sie immer daran, dass die Dame des Spiels ein Gesamtkunstwerk ist und ihre knappe

Zeit für alle wichtigen Bereiche einsetzen muss. Und dazu gehört eben auch, mit Kollegen oder Kunden auszugehen, sich darauf vorzubereiten, *wie* man die Ergebnisse präsentieren will, oder der Friseurtermin.

 Besser ist:
Das ist nicht perfekt, aber es ist sehr gut!
Und es reicht, um es gut darzustellen.

Es gehört sich nicht, sich in den Vordergrund zu drängen.
Vielleicht gehört es sich nicht, zu drängen – aber die Dame des Spiels steht selbstverständlich im Mittelpunkt, sobald sie es wünscht. Wenn Sie wahrgenommen werden wollen, stellen Sie sicher, dass Sie die volle Aufmerksamkeit der anderen haben. Nur weil Ihnen als Mädchen anerzogen wurde, still, bescheiden, lieb und brav zu sein, bedeutet das nicht, dass Sie es als erwachsene Frau ebenfalls sein sollten. Also: keine falsche Bescheidenheit.

 Besser ist:
Der Vordergrund ist richtig und wichtig,
um gehört zu werden, und ich nutze ihn
bewusst!

Leistung hat nur mit mir und nicht mit Wettbewerb zu tun.

Es geht nie nur um die Sache, sondern immer auch darum, »besser als« zu sein. Die meisten um Sie herum erachten Wettbewerb als etwas Selbstverständliches, und vielen macht er zudem Spaß! Wenn Sie nicht »besser als« sind, sind Sie automatisch »schlechter als«. Wie sollte ansonsten eine klare Rangordnung zustande kommen?

Besser ist:
Ich bin gern gut und gern besser als die anderen.

Im Wettbewerb muss man sich fair verhalten.

Es ist schön, wenn Sie grundsätzlich fair spielen. Doch nur weil Sie Fairplay wichtig und richtig finden, heißt das noch lange nicht, dass alle anderen Ihre Meinung teilen und ebenfalls fair spielen. Es wird Ihnen passieren, dass Ihre Gegner rüde foulen. Und wenn das geschieht, sollten Sie sofort zurückschlagen können, um schnell und klar die Grenzen aufzuzeigen. Falls nötig, müssen Sie das berühmte Exempel statuieren, damit man den nötigen Respekt vor Ihnen hat.

Besser ist:
Ich weiß, dass, wenn mich jemand foult, ich noch härter zurückfoulen kann, um dann wieder fair spielen zu können.

Gute Leistung wird anerkannt und belohnt.

Falls Sie mit Leistung Durchsetzungsvermögen und exzellente Kontakte meinen, dann ja. Falls Sie die fachliche Leistung meinen, nein. Damit diese anerkannt wird, müssen Sie in der Regel schon selbst die nötige Werbearbeit leisten und die Anerkennung einfordern. »Tue Gutes, und rede darüber!« In diesem Zusammenhang hilft vielleicht der Tipp, hin und wieder in die Rolle Ihrer eigenen PR-Managerin zu schlüpfen, wenn Sie wollen, dass Ihre Leistung honoriert und gebührend vergütet wird. Sie sollten sich genauso wichtig wie Ihre Arbeit nehmen. Und es hilft auch, wenn Sie immer mal wieder einen kritischen Blick auf die Leistung der Kollegen werfen.

 Besser ist:
Ich nehme mich wichtig und sorge dafür, dass meine gute Leistung auch anerkannt und belohnt wird.

Macht ist etwas Negatives.

Mit diesem Glaubenssatz wird es so gut wie unmöglich sein, Karriere zu machen. Denn: Wenn Sie jemandem vorgesetzt werden, haben Sie Macht qua Amt. Es lässt sich nicht vermeiden. Konzentrieren Sie sich lieber darauf, was Sie mit Ihrer Macht künftig alles bewegen werden!

 Besser ist:
Macht zu haben ist schön!
Mit Macht kann ich gestalten.

Wichtig ist vor allem, was ich sage.

Das Gegenteil ist richtig. Entscheidend ist, wie ich etwas sage und zu wem ich es sage. Es kommt daher sehr darauf an, welche Signale mein Körper meinem Gegenüber vermittelt. Es hilft, sich in eine selbstbewusste, ruhige Stimmung zu versetzen und sich gedanklich möglichst gut auf die Situation (Präsentation, Gespräch, Small Talk etc.) einzustellen. In der konkreten Situation ist es gegebenenfalls wichtig, souverän mit dem Ranghöchsten kommunizieren zu können. Dass auch der Inhalt vernünftig ist, sei an dieser Stelle vorausgesetzt.

 Besser ist:
> Es ist entscheidend, wie ich etwas sage
> und zu wem ich es sage.

Mir ist wichtig, dass mein Gegenüber mich mag.

Eine der größten Fallen für Frauen. Es ist schön, wenn Ihr Gegenüber Sie grundsätzlich mag, aber es darf nicht immer wichtig sein! Mädchen werden in ihrer Erziehung dafür belohnt und dazu ermuntert, vor allem beliebt zu sein. Im Berufsleben ist jedoch entscheidend, dass Sie respektiert werden. Und Sie werden es kaum vermeiden können, auch mal die eine oder andere Entscheidung zu treffen, die nicht auf das Wohlgefallen Ihres Gegenübers stößt.

 Besser ist:
> Mir ist wichtig, respektiert zu werden.

Wenn ich andere kontrolliere, kränke ich sie.

Für viele Frauen trifft das tatsächlich zu. Gerade im Umgang mit ehrgeizigen Frauen sollten Sie darauf achten, dass, wenn Sie kontrollieren, es sich um einen Motivationstermin handelt, bei dem Ihre Mitarbeiterin zeigen kann, was sie alles geleistet hat. Bei einigen Frauen ist es allerdings am besten, gar nicht zu kontrollieren, sondern immer nur die Gelegenheit zur Rücksprache anzubieten, solange das Ergebnis nicht gefährdet scheint. Das entspricht der Sachorientierung und Netzwerkkommunikation von Frauen, die sich oft hervorragend über klare Zielvereinbarungen führen lassen.

Frauen werden Ihnen diesen Führungsstil danken, Männer in der Regel nicht. Vorgesetzte, die nicht kontrollieren, werden von Männern leicht als schwach wahrgenommen. Es gehört zum Verständnis der Rangordnung, dass der Vorgesetzte Informationen und Arbeitszwischenstände abfordert. Sehen Sie es positiv: Sie können daraus ein Motivationsgespräch machen, in dem Ihr Mitarbeiter so richtig glänzen kann und Sie elegant immer wieder Ihre Position festigen können. Und wenn Ihr Chef Sie mal wieder mit aus Ihrer Sicht überflüssigen Kontrollterminen nervt, nehmen Sie es nicht persönlich. Nutzen Sie den Termin, um zu brillieren.

Besser ist:
So wenig Kontrolle wie möglich, so viel Kontrolle wie nötig. Kontrolle ist ein selbstverständliches Führungsinstrument der Rangordnung.

Wenn ich meinem Gegenüber klar meine Meinung sage, kränke ich ihn.

Nein. Sie vermeiden lediglich Missverständnisse und Ärger und erhöhen die Wahrscheinlichkeit, das gewünschte Ergebnis zu erzielen. Wie gesagt: Der Tonfall macht die Musik. Wenn Sie freundlich und ruhig klare Anweisungen geben, wird niemand gekränkt. Wichtig dabei ist, den indirekten Stil nur bei Frauen anzuwenden.

 Besser ist:
Ich sage freundlich, direkt und klar,
was ich will. So fällt es meinem Gegenüber leichter, mich zu verstehen.
Und ich gehe mit der Stimme nach unten!

Das Ergebnis der Arbeit ist wichtiger, als gute Kontakte zu haben.

Gute Arbeitsergebnisse sind immer die Grundlage. Aber um voranzukommen, sind Kontakte entscheidend. Daher müssen Sie der Pflege Ihrer Kontakte Zeit und Aufmerksamkeit widmen.

 Besser ist:
Gute Kontakte sind entscheidend
für meine Karriere.

Es kommt auf die innere Einstellung an! Sie entscheidet maßgeblich über unseren Erfolg oder eben auch Misserfolg. Vielleicht fallen Ihnen ja auch noch andere Glaubenssätze ein, die bei genauerer Betrachtung hinderlich für Ihre Ziele sind. Für alle diese Sätze gilt: Weg damit. Und zwar, indem Sie sich neue, hilfreiche Sätze schaffen und sich jeden Tag einmal aufsagen. Wichtig ist, dass sie positiv formuliert sind.

Denken Sie ans Skifahren: Wenn man auf einen Pfeiler zurast und denkt, bloß nicht gegen den Pfeiler rasen, konzentriert sich das Unterbewusstsein auf genau diesen Pfeiler, und man knallt direkt dagegen. Wenn man den Blick stattdessen auf die Stelle daneben richtet und denkt: Da will ich hin, fährt man auch am Pfeiler vorbei. Ein anderes berühmtes Beispiel ist der Satz: »Denken Sie nicht an einen rosa Elefanten!« Was haben Sie gerade vor Ihrem inneren Auge gesehen? Genau! Den rosa Elefanten. Es geht gar nicht anders. Suchen Sie sich also positive Glaubenssätze im Hinblick auf Ihr Ziel! Sie werden damit Ihre Einstellung und Ihre Ausstrahlung günstig verändern. Vielleicht finden Sie im Folgenden einige Anregungen:

> Ich bin ein Gesamtkunstwerk.
> Meine Leistung besteht darin, fachlich sehr gut zu sein, mich erfolgreich durchzusetzen, mit meiner Art und meinem Äußeren zu repräsentieren und Kontakte aufzubauen und zu pflegen. Ich gebe stets mein Bestes – auch bei der Darstellung meiner Leistung. Ich achte auf mich und belohne mich für gute Ergebnisse.

Ebenfalls hilfreich ist es, wenn Sie sich von Zeit zu Zeit in die Position der Dame im Schachspiel versetzen, da Sie vieles dann ganz automatisch richtig machen.

 ## VON DER DAME ZUR KÖNIGIN DES SPIELS

Sie können auch das Bild von der Königin visualisieren:

1 Rangordnung vor Inhalt!
Die Königin weiß, dass das Protokoll und die Etikette klare Hierarchiestufen kennen.

2 Immer an die Eins!
Die Königin spricht mit dem König des anderen Volkes und nicht mit dem Konsul.

3 Raum nehmen!
Der Königin gebührt ausreichend Platz um sich herum in Form von Palästen, Landgütern, aber auch an einer Festtafel.

4 Machtsymbole nutzen!
Die Königin trägt selbstverständlich Krone und Zepter, besitzt Pferde und Schlösser.

5 Visionen leben!

Die Prinzessin hat schon früh ein Bild davon, wie sie selbst auf dem Thron sitzt und was sie mit ihrer Macht verändern wird.

6 Regieren und repräsentieren!

Die wichtigsten Aufgaben ihrer Majestät. Die fachliche Arbeit machen die Arbeitsstäbe.

7 Kontakte nutzen!

Die Königin weiß, von welch herausragender Bedeutung die diplomatischen Beziehungen zu anderen Ländern sind.

8 Respekt zählt!

Die Königin muss mitunter Entscheidungen treffen, die zwar zum Wohle des Landes, nicht aber eines jeden Einzelnen sind.

9 Klare Anweisungen!

Die Königin sagt selbstverständlich kurz und deutlich, was sie wann, wie und von wem wünscht.

10 Spiel in alle Richtungen!

Die Königin setzt ihre Talente und ihre Macht ganz nach Bedarf ein. Und sie hält ihren Blick in alle Richtungen offen, da sie nie weiß, woher möglicher Verrat droht.

NACHWORT

Die Prinzessin wird zur Königin durch ihr Geburtsrecht. Zumindest dann, wenn die Verfassung eines Landes Frauen den Thron gestattet. Und damit bin ich wieder am Anfang: Am einfachsten kommen Sie an die Spitze einer bestehenden Organisation, indem Sie sie erben. Ansonsten ist es, insbesondere für Frauen, ein langer, steiniger Weg.

In den meisten Unternehmen, Kliniken, Parteien, Universitäten, Sozietäten, Theatern etc. gelten bislang die Regeln der männlichen Kommunikation. Außer Falten und Frust bringt es überhaupt nichts, sich darüber aufzuregen. Sie würden ja Ihre Zeit bei einem Englandurlaub auch nicht damit verschwenden, sich darüber aufzuregen, dass alle links fahren. Es ist, wie es ist. Um es zu ändern, müssen Sie an der Spitze der Organisation stehen.

Erkenntnis ist immer der erste Schritt. Wenn Sie ab jetzt mit einem offenen Blick das Rangordnungsspiel um sich herum wahrnehmen, werden Sie zumindest nicht mehr Opfer aus Unwissenheit sein. Wie Sie sich dann dazu verhalten, kann ganz unterschiedlich sein. Vielleicht schlagen Sie das Buch zu, sagen sich, es hat ohnehin alles keinen Sinn, kündigen und machen sich selbständig. Das ist eine respektable Lösung. *Love it, change it or leave it.* Wenn Sie aber weitermachen wollen, werden Sie ab jetzt bestimmt Handlungsmöglichkeiten für sich entdecken, die zu Ihrem Typ passen. Denn natürlich ist es immer wichtig, sich bei allem authentisch zu verhalten. Und vielleicht können Sie sogar so etwas wie Spaß am Spiel entwickeln!

Am meisten würde es mich natürlich freuen, wenn Sie mit Ihrem neuen Wissen Ihr Gehalt verbessern und gelassen die Karriereleiter hinaufklettern, um mit möglichst viel Macht Ihr Können zu nutzen. In diesem Sinne:

Bye-bye! Have fun storming the castle!

LITERATUR

Sonja Bischoff *Wer führt in (die) Zukunft? Männer und Frauen in Führungspositionen der Wirtschaft in Deutschland*, Bielefeld 2005

Meike Rensch-Bergner *Das Uschi-Prinzip. Von allem nur das Beste. Wie Frauen bekommen, was sie wollen*, München 2004

Friedemann Schulz von Thun *Miteinander Reden, Bd. 1: Störungen und Klärungen*, Reinbek bei Hamburg 1981

Cornelia Topf|Rolf Gawrich *Das Führungsbuch für freche Frauen*, 3. Auflage, Frankfurt a. M. 2005

SPIELFIGUREN

Zum Herausschneiden, Zusammenbasteln und Losspielen.
Selbst ist die Frau beim Spiel um die Macht!

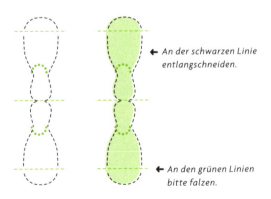

← An der schwarzen Linie entlangschneiden.

← An den grünen Linien bitte falzen.